Wetz | Tod, Trauer, Trost

[Was bedeutet das alles?]

Franz Josef Wetz

Tod, Trauer, Trost

Was am Ende hilft

Reclam

4. Auflage

RECLAMS UNIVERSAL-BIBLIOTHEK Nr. 14275
2022, 2023 Philipp Reclam jun. Verlag GmbH,
Siemensstraße 32, 71254 Ditzingen
info@reclam.de
Gestaltung: Cornelia Feyll, Friedrich Forssman
Druck und Bindung: Elanders Waiblingen GmbH,
Anton-Schmidt-Straße 15, 71332 Waiblingen
Printed in Germany 2026
RECLAM, UNIVERSAL-BIBLIOTHEK und
RECLAMS UNIVERSAL-BIBLIOTHEK sind eingetragene Marken
der Philipp Reclam jun. GmbH & Co. KG, Stuttgart
ISBN 978-3-15-014275-2
reclam.de

Inhalt

Intensive Begegnungen

Die in mehrjähriger Auseinandersetzung mit dem Thema gewonnenen Erkenntnisse dieses Buches stützen sich nicht nur auf wissenschaftliche Studien und Erfahrungsberichte von Betroffenen. Sie gründen ebenfalls auf zahlreiche Begegnungen mit Leidtragenden, Ärzten, dem Pflegepersonal insbesondere von Palliativstationen und Mitarbeitern von Hospizen sowie auf Gespräche mit Sterbe- und Trauerbegleitern, Trauerselbsthilfegruppen, Krankenhausseelsorgern, Gemeindepfarrern, Grabrednern und Bestattern, denen ich allen für ihre freundliche Unterstützung danke.

> *Welch ein Meisterwerk ist der Mensch! Wie edel durch Vernunft! Wie unbegrenzt an Fähigkeiten! In Gestalt und Bewegung wie bedeutend und wunderwürdig! Im Handeln wie ähnlich einem Engel! Im Begreifen wie ähnlich einem Gott! Die Zierde der Welt! Das Vorbild der Lebendigen! Und doch, was ist mir diese Quintessenz von Staub?*[1]
>
> William Shakespeare, *Hamlet* II,2

Wie viel Todesangst verträgt der Mensch?

Der Skandal ist banal

Wie sieht es am Ende aus? Vielleicht ist es zuletzt ja ganz harmlos, wie der Kabarettist Karl Valentin launig mutmaßt, so dass man im Augenblick des Hinscheidens verblüfft ausrufen würde, wenn man es denn noch könnte: »Da hab ich ein Leben lang Angst vor dem Sterben gehabt, und jetzt das!« Zugespitzter Charles Baudelaire: »Wie! Ist es nichts als dies?«[1] Ähnlich plakativ Ernst Jünger: »Mehr ist das nicht?«[2] Möglicherweise ist der vielbeklagte Skandal des Todes letzten Endes banal. Nicht selten im Leben ist die Furcht vor einem Ereignis schlimmer als dieses selbst.

In Thomas Manns Roman *Zauberberg* stellt sich Hans Castorp den Tod »mit einer gestärkten spanischen Krause vor.«[3] Dort heißt es: »Der Tod ist eine große Macht. Man nimmt den Hut ab und wiegt sich vorwärts auf Zehenspitzen in seiner Nähe. Er trägt die Würdenkrause des Gewesenen, und selber kleidet man sich streng und schwarz zu seinen Ehren.«[4]

Doch vielleicht ist jede achtungsvolle Verbeugung vor dem Tod übertrieben? In seiner Erzählung *Der Tod* vermutet Mann, dass Sterben und Tod weder großartig noch grausam oder geheimnisvoll sind, sondern etwas »Gewöhnliches an sich haben.«[5]

In der Erzählung *Enttäuschung* vertieft er diesen Gesichtspunkt: »Ach, ich kenne ihn bereits so genau, den Tod, diese letzte Enttäuschung des Lebens! Das ist der Tod? Werde ich im letzten Augenblicke zu mir sprechen.«[6]

Oder mit Friedrich Nietzsche:

> Nicht gar so wichtig. – Bei einem Sterbefalle, dem man zusieht, steigt ein Gedanke regelmäßig auf, den man sofort, aus einem falschen Gefühl der Anständigkeit in sich unterdrückt: daß der Akt des Sterbens nicht so bedeutend sei, wie die allgemeine Ehrfurcht behauptet.[7]

Werden Sterbende im Moment des Dahinscheidens nicht lediglich ihrer »Gegenwart« beraubt, wie es immer wieder heißt? Sein ganzes Leben bleibt man an das Jetzt gefesselt. Selbst unser Nachdenken über Vergangenes oder unser Abschweifen in Künftiges geschieht immer jetzt, im Moment. Damit ist der Tod auch nur das Ende dieses kurzen Moments, in dem wir uns dann befinden werden.

Dennoch ist es beängstigend, wenn einen der Tod packt. Wie viele Menschen haben eine diffuse Angst vor der letzten Minute, auch wenn diese anders als befürchtet jeder Brutalität, Feierlichkeit oder Rätselhaftigkeit entbehren sollte? Es fällt uns schwer, den letzten Atemzügen wenig Bedeutung beizumessen.

Da die Schnittlinie zwischen dem letzten vitalen Augenblick und dem ersten letalen Moment, sobald der Faden reißt, nur schwer zu fassen ist, eignet sich gerade die Übergangssekunde für wilde Fantasien. Abgesehen davon, dass für zahlreiche Sterbende der Tod bereits im Augenblick ihrer Bewusstlosigkeit eintritt, muss man sich mit Michel de Montaigne fragen: »Ist es vernünftig, so lange sich vor etwas zu fürchten, was so kurz dauert?«[8] Im Bruchteil einer Sekunde wird alles zu Ende sein. Vermutlich ist es so, als ob der Fernsehstecker aus der Anschlussbuchse gezogen wird. Möglicherweise wohnt dem Ende keinerlei Zauber inne?

Doch lässt sich mit solch nüchternen Mutmaßungen die

Angst vor Sterben und Tod wirklich bannen? Gewiss gehört der Tod zum Leben. Ausnahmslos alles Organische vergeht. Aber so natürlich die Endlichkeit ist, es fällt uns Menschen schwer, unsere Vergänglichkeit ohne protestierenden Aufschrei oder Verbitterung anzunehmen. Der Tod bleibt ein Ärgernis ersten Ranges. Nur sollte er ebenso wenig dramatisiert wie bagatellisiert werden. Es genügt, ihn ernst zu nehmen.

Verleugnete Todesangst

Heutzutage behaupten viele Menschen, zwar Angst vor dem Sterben, aber keine Angst vor dem Tod zu haben. Sie sagen, ihnen mache der Tod nichts aus. Allerdings ängstigten sie sich vor der letzten Lebensphase: vor der Apparatemedizin, dem Siechtum, der Agonie, dem letzten Augenblick. Wenn es jedoch einmal vorbei sei, dann sei es eben vorbei. Mit dem Tod an sich hätten sie kein Problem. In dieser Einschätzung stimmen fast alle religiösen, glaubensschwachen und ungläubigen Zeitgenossen miteinander überein.

Nun wird der Tod inzwischen in der Tat nicht mehr so stark verdrängt wie noch vor einigen Jahrzehnten. Das Sterben wird nicht mehr generell aus dem Alltag verbannt und der Tod nicht mehr gänzlich den Blicken der Öffentlichkeit entzogen. Diskutiert wird über Gesundheitsvorsorge, Vorsorgevollmachten, Patienten- oder Betreuungsverfügungen, Palliativmedizin, Hospiz, Sterbehilfe und humanes Sterben. Der eigene Friedhofsplatz wird bereits zu Lebzeiten ausgesucht und die eigene Trauerfeier schon im Voraus organisiert. Statt sich vor dem eigenen Tod zu ängstigen, scheint man sich intensiv mit ihm zu befassen.

Selbstverständlich ist es sinnvoll, sich schon zu Lebzeiten Gedanken über den Tod zu machen. Denn irgendwann holt einen die Realität so oder so ein: Schwere Krankheiten, das Altern, das Dahinscheiden enger Freunde und naher Angehöriger brauchen Klarheit, Regeln, Trost und Hilfen, um die Trauer zu überwinden. Früher oder später betreffen die letzten Fragen jeden von uns.

Doch bedeutet das wachsende Interesse an Fragen des Todes auch bereits, dass wir uns inzwischen weniger vor dem Moment ängstigen, an dem der Vorhang zum letzten Mal fällt? Es gibt eine Reihe von Indizien, die dafür sprechen, dass wir immer noch Angst haben. Drei sind besonders wichtig:

1. Wenn bei fortgeschrittenem Lebensalter die Vorsorgeuntersuchungen ohne Befund bleiben, dann lässt bereits die Freude der Betroffenen erahnen, wie sehr sie am Leben hängen und den Tod fürchten.

2. Lebensbejahende gesunde Menschen nehmen ihre Vergänglichkeit gerne auf die leichte Schulter. Normalerweise stellt die eigene Endlichkeit mitten im Leben auch kein Problem dar. Solange man bloß abstrakt irgendwie weiß, dass die eigenen Tage gezählt sind und man noch nicht vom heranrückenden Ende bedroht wird, lässt sich verhältnismäßig gelassen mit der eigenen Sterblichkeit umgehen.

Stellen wir uns aber einmal vor, wie wir reagieren würden, wenn die nächste Vorsorgeuntersuchung zu einer hoffnungslosen, tödlichen Diagnose führen und feststehen würde, dass man innerhalb der nächsten fünf Monate sterben wird. Sicherlich würden die meisten es jetzt mit der Todesangst zu tun bekommen. Gerade dieses Beispiel zeigt, wie sehr die Verleugnung der Todesangst eine leichtsinnige Pose ist, der das Gewicht des Ernstfalls fehlt. Sie ist gedankenlose Prahlerei.

Sollten einigen von uns irgendwann aufgrund einer unglücklichen Prognose tatsächlich nur noch ein paar Monate bis zum letzten Atemzug bleiben, fragen sie sich vermutlich: »Warum gerade ich?« Eine überzeugende Antwort gibt es nicht. Mal hat man Pech, mal hat man Glück im Leben. Doch wer so fragt, der fürchtet nicht bloß das Sterben, sondern ängstigt sich auch vor dem Tod, weil er nicht bereit ist, sein Leben ohne weiteres aufzugeben. Aus diesem Grunde vertrauen die meisten bis zuletzt darauf, dass sich schon irgendetwas finden lässt, das ihr Leben verlängert. Sie hangeln sich mit Hilfe der modernen Medizin von einem Aufschub zum nächsten. Gelübde werden abgelegt, Versprechen für den Fall gesundheitlicher Besserung gegeben, zusätzliche Lebensjahre ausgehandelt. Es wird um Lebenszeit gefeilscht, eine Art Kuhhandel betrieben: Wenn man die Medikamente konsequent nimmt, regelmäßig zur Kirche geht, sich der neuen Behandlung unterzieht, einen chirurgischen Eingriff über sich ergehen lässt, dann hat man vielleicht doch noch eine Chance, zumindest noch ein paar Jahre weiterleben zu dürfen.

3. Wohl den stärksten Beleg für die menschliche Todesangst liefert die kühne Hoffnung auf die eigene Unsterblichkeit und Auferstehung: Wie groß muss die Todesangst sein, dass wir Menschen hier eine solche Zuversicht entwickeln können, der so viele empirische Tatsachen widersprechen? Jedenfalls stellt die Hoffnung auf ein ewiges Leben

die vornehmste Form der Todesangst dar. Sie ist gleichsam deren Tarnkappe.

Kehrseite der Todesangst

Die menschliche Todesangst werden wir nicht los. Je stärker der Lebensimpuls, umso stärker die Angst vor dem Ende. Wer noch eine gewisse Vitalität verspürt, findet sich nicht so leicht mit der eigenen Endlichkeit ab. Dabei muss man das Leben nicht einmal übermäßig lieben, um es fortsetzen zu wollen. Erst im höchsten Greisenalter, bei auswegloser Verzweiflung oder schwerster Erkrankung, am Nullpunkt, wenn die Lebensqualität zu gering und die Lebensqual zu groß geworden sind, möchten viele aus dem Leben scheiden.

Doch solange sich die Menschen noch vital fühlen, werden die meisten das eigene absehbare Ende, ernsthaft bedacht, als ungeheuerlich empfinden. »Der Tod ist groß«, so Rilke.[9] Unser Ausscheiden aus der Welt ist wohl die größte Zumutung ans Leben, mit der sich viele nur schwer abfinden können. Nur woher rührt die Todesangst?

Man könnte vermuten, dass ihre Ursache im Verlust wichtiger Lebensgüter liegt. Dann wäre nicht der Tod selbst das angsterregende Übel, sondern der Verlust des Lebens als das Ende aller Daseinsmöglichkeiten. In der Tat erfasst viele ein Grauen bei der Vorstellung, Abschied nehmen zu müssen von allem, was sie liebgewonnen haben. Die Welt wird ungerührt von unserem Dahinscheiden weiterexistieren.

In dieser Kränkung liegt der existenzielle Ursprung aller eschatologischen Naherwartungen, nach denen noch zu

Lebzeiten das Ende der Welt eintreten wird. Wer hieran glaubt, möchte von nichts und niemandem überlebt werden.

Allerdings hängt unser Drang, weiterzuleben, nicht allein von der Qualität persönlicher Erlebnisse, sondern ebenso von einem speziellen Lebensmechanismus ab. Diese Tatsache gilt auch losgelöst von der Frage, ob unsere Erlebnisse schön und interessant oder grausam und ermüdend sind. Für gewöhnlich entlastet unser natürliches Streben, unser Dasein zu erhalten und fortzusetzen, uns von der Frage, ob wir überhaupt weiterleben möchten oder nicht. Aus diesem Grunde hängt fast jeder am Leben und richtet automatisch seine Kräfte auf die Sicherung seiner Existenz. In seinem Roman *La Mort heureuse* (dt. *Der glückliche Tod*) lässt Albert Camus einen Kranken sagen, man helfe »mir bei der Verrichtung meiner Bedürfnisse. Und danach wäscht man mich und trocknet mich ab. Schlimmer noch, ich bezahle jemanden dafür. Und doch werde ich nie etwas tun, um mein Leben abzukürzen.«[10] Wir sind geprägt durch eine natürliche Anhänglichkeit an das Leben, die sich nicht ohne weiteres ausschalten lässt. Biologisch formuliert sind wir auf Lebenwollen programmiert. Darum halten wir im Alltagsleben unser Dasein auch mit großer Selbstverständlichkeit für die Mühen wert, die es uns und anderen bereitet.

Doch nicht alle tun das. Wie Karl in Schillers *Die Räuber* erwägt Shakespeares *Hamlet* angesichts vielfältiger Nöte und Sorgen, sich das Leben zu nehmen: »Sein oder Nichtsein, das ist hier die Frage.«[11] Doch während Hamlet aus Angst vor ewiger Verdammnis zögert, hält Karl am Leben deshalb fest, weil sein Elend nicht die Oberhand über sein Dasein gewinnen soll: »Die Qual erlahme an meinem Stolze.«[12]

Die meisten Menschen halten aber aus keinem der beiden Gründe in Existenzkrisen am Leben fest. Ihr Selbsterhaltungsstreben lässt sie sich so lange ans Dasein klammern, wie ihr Leid nicht ein bestimmtes Maß überschreitet.

Genau aus diesem Grund mutet Camus' berühmte Feststellung merkwürdig an: »Es gibt nur ein wirklich ernstes philosophisches Problem: den Selbstmord. Die Entscheidung, ob das Leben sich lohne oder nicht, beantwortet die Grundfrage der Philosophie.«[13] Denn versucht der Existenzialist hier nicht, ein Problem zu lösen, das wir eigentlich gar nicht haben? Camus' Grundfrage müssen die meisten für sich gar nicht beantworten, weil sie sich ihnen gar nicht stellt. Für gewöhnlich werden sie durch ihr Selbsterhaltungsstreben von dieser Frage entlastet.

Eine augenfällige Bestätigung des elementaren Erhaltungsdrangs liefert die Beobachtung, dass sich fast alle Lebewesen gegen den Tod sträuben. Mit ganzer Kraft stemmt sich ein Organismus gegen seinen Untergang. In bedrohlichen Situationen gerät ein Körper regelmäßig in Panik, aktiviert jede nur denkbare Energiereserve. Er beginnt zu schwitzen, zu zittern, der Blutdruck steigt. Der Körper kämpft ums Überleben. Todesangst gehört zu den Affekten eines Lebewesens, das sich nicht aufgeben möchte. Solange noch Leben im Körper ist, empfindet der Einzelne seine Fortdauer fast als selbstverständlich und den Tod als Gewalttat, Skandal, als etwas Außergewöhnliches, wenn nicht sogar als Katastrophe, gewissermaßen als existenziellen Totalschaden. Das Streben nach Selbsterhaltung stellt die eigentliche Quelle der Todesangst dar. Diese ist grundsätzlich unüberwindbar. Darum stellt sich seit jeher die Frage: Wie kann uns dennoch eine Zustimmung zum eigenen Ende abgerungen werden?

Der Tod ist nicht der Tod

Es entbehrt nicht einer gewissen Komik, dass ausgerechnet Theisten, also gläubige Menschen, und Naturalisten, also ungläubige Menschen, jeweils die Auffassung vertreten, dass der Tod im Grunde genommen nicht das ist, für was wir den Tod halten.

Theisten. Religiöse Menschen glauben, dass das Leben mit dem Tod nicht endet, sondern dass er ein Durchgang zu einer besseren Welt ist. Der Verstorbene, den man näher kannte, mochte und liebte, sei keineswegs endgültig weg. Im Gegenteil sei der Tod das Sprungbrett zum ewigen Leben. Die meisten Gläubigen glauben an eine unsterbliche Seele. Sie sind davon überzeugt, dass im Moment des Todes ihre Seele den Körper verlässt und weiterlebt. Alle monotheistischen Religionen behaupten die Unsterblichkeit der Seele, obwohl das biblische und urchristliche Verständnis vom ewigen Leben durch die Auferweckung der Toten mit der Vorstellung von einer unsterblichen Seele eigentlich gar nichts zu tun hat:

Auferstehung der Toten meint nämlich gerade nicht die natürliche Fortdauer einer vom Körper befreiten Geistseele. Im Grunde würde sich die Auferweckung von den Toten erübrigen, wenn der Mensch von vornherein unsterblich wäre. Erst durch Gottes Menschwerdung in Jesus Christus soll laut christlicher Lehre der Tod besiegt worden sein. Das ewige Leben ist nach biblischem Verständnis also keine natürliche Mitgift des Menschen, sondern ein geschichtlich offenbartes Versprechen. Wie Christus an Ostern so werde der Verstorbene als ganzer Mensch mit neuem unvergänglichem Leib am Jüngsten Tag auferweckt werden. Im Laufe der Jahrhunderte wurde der Glaube an die Auferstehung des ganzen Menschen dann immer stärker mit der Lehre von der unsterblichen Seele vermischt, bis man sie kaum noch voneinander unterscheiden konnte.

Am Glauben an Auferstehung und Unsterblichkeit wird bis heute vermutlich in erster Linie deshalb festgehalten, um die dunkle Schwelle des Todes später einmal leichter überschreiten zu können. Der dunkle Pfad soll dann nicht im Nirgendwo enden, sondern zu Gott führen. Außerdem ist die Sehnsucht der Hinterbliebenen groß, die Verstorbenen wiederzusehen.

Doch spielen Jüngstes Gericht, Fegefeuer und Hölle heutzutage kaum noch eine so prägende Rolle wie noch vor relativ kurzer Zeit. Der Himmel wurde zu einer vagen Metapher für einen Ort, an dem die Verstorbenen ihre Familien und Freunde wiedertreffen werden. Unabhängig davon, ob man das Schwergewicht dabei auf die Idee der unsterblichen Seele oder den Glauben an die Auferstehung der Toten legt: Hier wie dort läuft alles auf die eine Erkenntnis hinaus: Das menschliche Dahinscheiden ist ein Übergang zu neuem Leben. »Der Tod ist verschlungen in den Sieg. […] Tod, wo ist dein Stachel?«, triumphiert Paulus.[14] »[…] der Tod wird nicht mehr sein«, heißt es in der Offenbarung des Johannes.[15] Denn der Tod ist nicht Vernichtung, sondern Verwandlung. Strenggenommen ist also der Tod – nichts.

Naturalisten. Zu demselben Ergebnis kommen die Naturalisten als die weltanschaulichen Gegner der monotheistischen Weltreligionen. Doch statt postmortale Lebensversprechen zu geben, versuchen sie, das Todesproblem mit rationalen Argumenten aus der Welt zu schaffen.

Bevor sie sich des Todesproblems als existenzieller Herausforderung annehmen, betonen sie zunächst, dass der Tod ein völlig natürliches Phänomen sei. Dieser ist keine Strafe für ein Vergehen im Paradies, wo Adam und Eva trotz Verbot vom Baum der Erkenntnis gegessen haben sollen, also nicht der ›Sünde Sold‹, sondern nur eine unvermeidliche Naturtatsache, eine Folge der Fortpflanzung. Leben, Sex und Tod stehen in enger Beziehung miteinander. Die Natur ist auf Erneuerung aus. Eine Generation sinkt ins Grab, um für eine neue Generation Platz zu schaffen. Daher ist die Natur – bildhaft formuliert – mehr an Kreißsälen als an Altenheimen interessiert! Wer das Leben will, muss lernen, den Tod hinzunehmen. Das Ende ist der Abschluss eines biologischen Prozesses, hervorgerufen durch Krankheit, Unfall oder hohes Alter. Der Tod kommt nicht durch das Eingreifen höherer Mächte zustande. Der irreversible Ausfall der Atmung, des Stoffwechsels, der Temperaturregulation, des Blutkreislaufs, des zentralen Nervensystems und der ihnen entsprechenden Organe verwandelt, so die heute akzeptierte Meinung, den Organismus eines Menschen in einen Leichnam. So gesehen verbirgt der Tod kein unbegreifliches Geheimnis, sondern stellt einfach nur das Ende des Lebens dar. Und warum sollte man sich vor diesem Ende ängstigen?

Ähnlich nüchtern wie den Tod behandeln Naturalisten auch die Todesangst. Mag der Tod selbst auch unbesiegbar sein, die Todesangst lasse sich ablegen. Diese wird mit rationalen Mitteln gleichsam wegerklärt. Sie beruht letzten Endes auf einem Fehlurteil, das sich aufklären lässt. Naturalisten vertreten einen starken intellektuellen Optimismus, wonach eine Korrektur der falschen Einschätzung des Todes zwangsläufig die Todesangst außer Kraft setzt.

Das bekannteste Argument der Naturalisten, um sich mit der eigenen Endlichkeit zu versöhnen, stammt von Epikur:

> Mach dir die Ansicht zu eigen, daß der Tod uns nichts angeht. Denn alles Gute und Böse ist nur in der Wahrnehmung, der Tod aber die Privation der Wahrnehmung. [...] Das allerschrecklichste Übel, der Tod, geht uns also gar nichts an, weil er nicht ist, wenn wir sind, und wir nicht mehr sind, wenn er ist.[16]

Sollte der Tod uns also betreffen, käme er zu spät, weil wir dann schon nicht mehr existieren, wenn er da ist. Wer tot ist, kann das Leben nicht vermissen. Büchners *Woyzeck* bringt es auf den Punkt: »Wenn man kalt ist, so friert man nicht mehr.«[17] Deshalb ist der Tod nichts, worüber man sich zu Lebzeiten zu bekümmern braucht.

Ein zweiter rationaler Einwand gegen die Todesangst, der gleichfalls in der Kulturgeschichte zahlreiche Anhänger von Lukrez über David Hume bis Mark Twain fand, ist das sogenannte Symmetrieargument. Darin wird die Zeit vor unserer Geburt mit der Ewigkeit nach unserem Tod gleichgestellt. Die unendlichen Zeiträume vor und nach dem Tod stehen symmetrisch zueinander. Da uns das Nichtsein vor unserer Geburt nicht belastet, sollte uns also der Zustand nach dem Tod auch nicht weiter beunruhigen, ist dieser doch nur ein Spiegelbild der Zeit vor unserer Ankunft auf der Erde.

Beide Argumente versuchen mit Hilfe rationaler Überlegungen den Tod als Scheinproblem zu entlarven. Sie versuchen, das Problem des Todes zu lösen, jedoch auf ganz andere Weise, als es die großen Religionen mit ihren Unsterblichkeitsversprechen tun.

Theisten wie Naturalisten sind darum bemüht, dem Tod seine Bedrohlichkeit zu nehmen. Wenn es aber mit dem Tod in letzter Beziehung nichts ist, dann entbehrt nicht nur jede Todesangst ihrer Grundlage, sondern dann dürfte auch jeder Wunsch entfallen, Trost im Angesicht des Todes zu finden. Und dagegen spricht unsere Erfahrung.

Wiederkehr der Todesangst

Denn obwohl die religiösen Heilsversprechen und naturalistischen Erklärungen starke Angebote zur Bewältigung des Todes machen, haben Sterben und Tod am Ende nichts von ihrem Schrecken verloren. Beide Lösungsansätze helfen bei der Bekämpfung der Todesangst meist nur teilweise, oft nur wenig. Denn Entsetzen, Verzweiflung und Trauer suchen selbst fromme Gläubige und harte Naturalisten im Angesicht des Todes heim.

Theisten. Trotz aller religiösen Zuversicht sind auch Gläubige in der Regel nicht gleichgültig, wenn sich ihnen oder ihren Angehörigen der Tod nähert. Nicht selten werden sie bei akuten Todesfällen skeptisch in Bezug auf religiöse Heilsversprechen. Sogar tief frommen Menschen fällt es zuweilen schwer, sich in der Endlichkeit einzurichten und das Unabänderliche in geduldigem Gottvertrauen hinzunehmen oder gar gelassen anzunehmen. Die rosige Aussicht auf den Himmel hilft nicht ohne weiteres über das eigene Ende oder den Tod naher Angehöriger hinweg.

Im Zustand höchster Aufgebrachtheit bleiben Betroffene vom Erlebnis der sie bedrängenden Not oftmals gänzlich gefangen und weitgehend taub für den Zuspruch von Heilsbotschaften.

Hauptschwierigkeiten bilden das erwähnte Selbsterhaltungsstreben und der Trennungsschmerz. Angst und Trauer bleiben selbst dann, wenn der Tod religiös gebändigt und Schutzdämme gegen endlosen Jammer in Gestalt frommer Rituale und Geschichten errichtet wurden.

Naturalisten. Ähnlich verhält es sich mit den rationalen Argumenten der Naturalisten. Auf den ersten Blick klingt das Symmetrieargument überzeugend: Es war nicht schlimm, vor zwei Jahrhunderten nicht gelebt zu haben. Warum sollte es schlimm sein, in zwei Jahrhunderten nicht mehr zu leben?

Doch sind Anfang und Ende, Geburt und Tod weder gegeneinander austauschbar noch verhalten sie sich symmetrisch zueinander. Wir schaudern nicht vor dem Nichts, aus dem wir hervorgingen, aber vor dem Nichts, in das wir eingehen werden, obgleich es dasselbe Nichts ist.

Den Unterschied zwischen der pränatalen und postletalen Zeit macht das Leben dazwischen aus. Das Nichtsein vor der Geburt stellt für uns schon deshalb kein Problem dar, weil wir ja jetzt leben.

Aus demselben Grund ist die Vorstellung, dass das Leben eines Tages zu Ende gehen wird, aber ein Problem. Besonders unser Selbsterhaltungstrieb, verbunden mit unseren Wünschen und Interessen, lässt uns am Leben hängen. Wir möchten überleben, weiterleben, noch das Morgen erleben. Und das gilt selbst dann, wenn uns das Nichtsein nach unserem Tod gleichgültig sein sollte. Somit bildet nicht das Nichts als solches, das uns bevorsteht und dem vorgeburtlichen Nichts gleicht, das eigentliche Problem, sondern die Tatsache, dass wir nach unserem Tod in das Nichts eintauchen. Der biologische Mechanismus der Selbsterhaltung, der Verlust aller Lebensgüter sowie die Angst vor dem letzten Moment geben dem postletalen Nichtsein ein existenzielles Gewicht, das dem pränatalen Nichtsein fehlt.

Darum vermag auch Epikurs auf den ersten Blick so überzeugende Einsicht, dass man den Tod nicht zu fürchten braucht, weil man ja nichts mehr empfindet, wenn der Tod kommt, nicht das Schaudern vor dem Tod zu besiegen. Das menschliche Selbsterhaltungsstreben ist für gewöhnlich so stark, dass sich die Todesangst nicht ohne weiteres durch rationale Argumente beseitigen lässt. Der Tod bleibt ein existenzielles Übel, weil er einem das Leben nimmt, das man, wenn man noch halbwegs gesund ist, gerne fortgeführt hätte.

Obwohl für Naturalisten die Todesangst ein Ärgernis ist, lehrt doch auch sie ihnen das Schaudern:

In Emile Zolas Roman *Freude des Lebens* graut dem atheistischen Lazare vor dem eigenen Tod und dem Ableben seiner Nächsten. Regelmäßig erfasst ihn der Schrecken vor dem Nichts: »Heute konnte er nicht den Kopf auf das Kissen legen, ohne dass das Entsetzen vor dem Nimmermehr sein Gesicht eisig anwehte […] Die Angst vor dem Tode war in seinem Schlafe wieder aufgetaucht.«[18] In solchen Momenten wünscht er sich die »barmherzige Lüge der Religion«,[19] den Glauben ans Jenseits zurück. Doch bleibt ihm dieser Trost unerreichbar. Überzeugt von der »schrecklichen Wahrheit«,[20] dass mit dem Tode alles endet, reißt ihn das furchtbare Wort »Nimmermehr« in schwindelerregende Abgründe. Aber trotz größter existenzieller Not widersteht Lazare der Versuchung, seinem Wunsch, glauben zu können, nachzugeben.

Im Gegensatz zu Lazare wird Niels Lyhne in Jens Peter Jacobsens gleichnamigem Roman schwach. Der gottlose Niels trägt schwer am Leben. Schon wenige Monate nach dem noch gar nicht verarbeiteten Tod seiner geliebten Frau, erkrankt sein kleiner Sohn. In der Nacht, in welcher der Junge sterben wird, verliert Niels jedes Vertrauen darauf, die ihm auferlegte Last des Lebens tragen zu können. Verzweifelt hofft er auf ein Wunder, durch das der Knabe wieder gesund wird: »In solchen Gedanken flehte Niels empor zu Gott, warf sich in Ohnmacht nieder vor dem Himmelsthron und bekannte, daß sein die Macht sei, sein allein«:[21]

> Er war versucht worden, und er war gefallen; es war ein Sündenfall, ein Abfall von sich selbst und von der Idee. Es war wohl, daß die Tradition in seinem Blut zu stark gewesen; das Menschengeschlecht hatte während so vieler Jahrtausende stets in seiner Not zum Himmel geschrien, und nun hatte er dem ererbten Drang nachgegeben. Aber er hätte widerstehen sollen wie einem bösen Instinkt; er wußte ja doch bis in die innersten Fibern seines Gehirns, daß Götter Träume seien und daß es ein Traum war, zu dem er geflohen, als er betete [...]. Er hatte das Leben nicht ertragen können, wie es war, er war mit dabeigewe-

> sen, das Höchste zu erkämpfen, und war in der Schärfe des Kampfes der Fahne untreu geworden, zu der er geschworen hatte. Denn das Neue, der Atheismus [...], was war es anderes als Flittergoldnamen für das eine Einfache: das Leben ertragen, wie es war! das Leben ertragen, wie es war, und das Leben sich nach den eigenen Gesetzen des Lebens bilden lassen.[22]

Niels wurde von der existenziellen Angst vor dem Tod überwältigt. Und dies kann kaum überraschen.

Vor allem drei Aspekte scheinen darüber zu entscheiden, wie groß Sorge, Angst und Trauer werden: 1. der Anlass des Todes, 2. das Alter des Verstorbenen und 3. die Nähe der Überlebenden zum Toten. Jacobsen entwirft in seiner Geschichte eine extreme Situation, die von allen drei Aspekten geprägt wird: Es geht um die tödliche Krankheit des eigenen, sehr kleinen Sohns.

Jede rationale und religiöse Verharmlosung der Todesangst greift für Niels in solch einer Situation zu kurz. Jeder Erklärungsansatz verkennt, wie leidensanfällig und trostbedürftig wir Menschen in Anbetracht unserer Sterblichkeit sind.

Doch was spendet wirklich Trost?

Wie viel Trost braucht der Mensch?

Trost und Vertröstung

Der Tod ist eine Herausforderung für das Leben. Dabei muss unterschieden werden zwischen dem eigenen Tod, dem Tod unserer Nächsten, dem Tod von Fremden sowie der Vergänglichkeit des Menschen als solcher.

Vor allem in Anbetracht unserer eigenen Hinfälligkeit, Endlichkeit und Sterblichkeit haben die meisten von uns irgendwann einmal Trost nötig. Je mehr es um den persönlichen Tod sowie den unserer Angehörigen und Freunde geht, desto trostbedürftiger sind wir.

Nur sind wir auch trostfähig? Mag eine Situation noch so trostlos scheinen: Warum sollte man nicht darüber hinweggetröstet werden können? Trostlose Umstände ziehen nicht automatisch Untröstlichkeit nach sich, mögen schwere Lebenslagen uns auch bedrohlich nahe an den Abgrund der Verzweiflung bringen. Zwar bleibt jeder Trost vorläufig. Doch sind wir darauf spezialisiert, uns selbst dort noch helfen zu können, wo uns nicht mehr geholfen werden kann. Ratlosigkeit war nie eine menschliche Stärke, andernfalls hätte die Menschheit nicht bis heute überlebt. Zu diesen Fähigkeiten, schwere Probleme zu meistern, gehört das Talent, sich auch in hoffnungslosen Lebenslagen trösten lassen zu können. Menschen vermögen selbst dort noch weiterzumachen, wo dieses gerade eben eigentlich noch unmöglich zu sein schien.

Nun sind Tröstungen, die sich auf schwere Schicksalsschläge beziehen, zutiefst zweideutig. Denn sie helfen mit etwas fertig zu werden, mit dem man eigentlich nicht fertig werden kann, und machen so Unmögliches dennoch möglich. Darum ist grundsätzlich jede Tröstung angesichts einer unglücklichen Prognose für die Zukunft oder eines unwiderruflichen Todesfalls in der Gegenwart eine verkappte Ver-Tröstung – und zwar völlig unabhängig davon, ob sie religiös ausgerichtet ist oder nicht. Im Allgemeinen bewegt eine Vertröstung jemanden dazu, Geduld zu haben und zu warten, indem eine Entlastung oder Erfüllung besonderer Anliegen für einen späteren Zeitpunkt in Aussicht gestellt wird.

Jedoch wird das Wort Vertröstung oft nicht in diesem Sinne neutral, sondern häufig negativ gebraucht. Jemanden zu vertrösten bedeutet dann, einem Hilfesuchenden echte Lösungen durch Veränderung seiner unerfreulichen Lebenssituation vorzuenthalten: Man wird immer wieder und wieder aufs Neue vertröstet.

In unserem Zusammenhang sollten wir den Begriff Vertröstung positiv werten, weil er auf Probleme angewandt wird, für die es keine echten Lösungen gibt. Trost löst die Probleme nicht. Trostmittel beseitigen keine Übel, sondern tragen lediglich dazu bei, Probleme und Übel, die sich nicht aus der Welt schaffen lassen und denen man nicht ohne weiteres entfliehen kann, so auszuhalten, dass man nicht an ihnen zerbricht. Das ist wenig, möchte man einwenden. Jedoch ist es im Rahmen dessen, was wir vom Leben erwarten dürfen, auch wiederum ziemlich viel. Dieses Wenige ist mithin so wenig nicht. Immerhin schützt uns eine wirksame Tröstung in trostloser Lebenslage davor, in eine Sackgasse der Untröstlichkeit zu geraten.

Bildhaft formuliert, befinden wir uns nicht in der komfortablen Lage eines Zweibeinigen, der Krücken als Gehhilfen selbstbewusst ausschlagen darf. Stattdessen sind wir vielmehr in der betrüblichen Lage eines Verletzten, für den eine Gehhilfe zwar nur schlechter Ersatz für sein intaktes Bein ist, der aber aus Mangel an Alternativen von dem Betroffenen sicherlich willkommen geheißen wird. Jeder Trost in Anbetracht unumstößlicher Lebenshärten gleicht einer solchen Krücke und ist somit Vertröstung. Ohne Zweifel ist er ein bloßer Ersatz für echte Problemlösungen. Denn Trost ist kein Äquivalent, sondern lediglich Ersatz für eine gute Lösung: Ein Cappuccino ist ein Äquivalent für Milchkaffee; beides ist Bohnenkaffee. Doch ist Getreidekaffee oder Muckefuck nur ein schlechter Ersatz, ein Surrogat gegenüber echtem Bohnenkaffee. Ein Surrogat ist im Vergleich zu dem, was es ersetzt, nicht gleichwertig, eben kein Äquivalent, sondern weniger wert oder anspruchsvoll. Es ist der höchstens zweit- oder drittbeste Ersatz.

So betrachtet steht uns in Fragen des Todes immer nur ein schwacher Trost und kein starker Trost zur Verfügung. Die Begriffe ›stark‹ und ›Trost‹ schließen einander aus. Sie bilden ein Oxymoron wie ›schwarzer Schimmel‹ oder ›sachliche Romanze‹. Denn es gibt hier wie gesagt nur Surrogate, Trostpflaster.

Im Angesicht des Todes sind wir Menschen gerade deshalb der Vertröstung bedürftig, weil uns nicht mehr geholfen werden kann. Wenn ein Kind hinfällt, sich leicht verletzt und weint, dann kann man es trösten, weil man weiß: Das wird schon wieder. Wenn ein geliebter Mensch stirbt, dann kann man die Hinterbliebenen lediglich vertrösten, weil man weiß: Der Verstorbene kehrt nicht wieder. Eine echte Lösung der mit dem Tod verbundenen Probleme gibt es für Trostsuchende nicht. Denn sie haben es mit Unabänderlichem zu tun, das ihnen die eigene Ohnmacht und Hilflosigkeit vor Augen führt, nämlich ihre Sterblichkeit oder die Sterblichkeit und den Tod eines Nächsten, der sie mit tiefer Trauer erfüllt. Somit bedeutet Trost zu spenden nicht, eine traurige Situation vollständig aufzulösen, sondern als Ersatz dafür, die Situation lediglich ein wenig zu entlasten. Trost heilt nicht, aber lindert, indem er Abstand schafft. Tragfähiger Trost lässt uns Menschen Leid dadurch besser überstehen, dass Distanz zu dem aufgebaut wird, über das man augenblicklich meint, nicht hinwegkommen zu können.

Trostliteratur

Trotz aller Tröstungsversuche finden sich die Menschen jedoch nicht so leicht mit dem Tod ab. Wie lässt sich mit dem Schmerz der Endlichkeit und der Todesangst leben, mit denen jeder irgendwie zurechtkommen muss? In Ionescos *Le roi se meurt* (dt. *Der König stirbt*) fleht der zum Tode verurteilte Herrscher:

> All ihr Zahllosen, die ihr vor mir gestorben seid: helft mir. Sagt mir, wie ihr es fertiggebracht habt zu sterben. Einverstanden zu sein. Bringt es mir bei [...] Ihr, die ihr Angst gehabt und nicht gewollt habt. Wie ist es gewesen? Was hat euch die Kraft verliehen? [...] Und ihr, die ihr stark und mutig, die ihr gleichgültig und heiter mit eurem Tod einverstanden seid, bringt mir die Gleichgültigkeit bei, die Heiterkeit und Gelassenheit.[1]

In der Antike entwickelte sich eine lebendige Trostliteratur, die später von geistlich-christlichen Erbauungsschriften verdrängt wurde. Die religiös fundierte Sterbebegleitung hat eine lange Tradition, etwa in den zahlreichen christlichen Sterbe- und Stundenbüchern mit Anweisungen zur Vorbereitung auf einen guten Tod. Die bekannteste christliche Schrift stammt aus dem 15. Jahrhundert von Johannes Gerson: Dessen *Opusculum tripartitum de praeceptis decalogi, de confessione et de arte moriendi*, also ein ›Kleines dreiteiliges Werk über die Lehren der zehn Gebote, den Glauben und die Kunst des Sterbens‹ wurde zu einem der wichtigsten Titel der sogenannten *Ars-moriendi*-Literatur, über die Kunst des Sterbens. In ähnliche Richtung weisen Martin Luthers *Vierzehn Tröstungen für Mühselige und Beladene* (die Zahl 14 verweist auf jene 14 Heiligen, die seinerzeit als Helfer in der Not angerufen wurden).

Dagegen entstand die wohl früheste philosophische Trostschrift mit dem Titel *Peri Penthous* (dt. *Über die Trauer*) um die Wende des vierten zum dritten vorchristlichen Jahrhundert.[2] Dieses Werk Krantors von Soloi diente in der Folgezeit vielen anderen Autoren als Vorlage. Ob Apollonius, Cicero, Epikur oder Lukrez, Marc Aurel, Epiktet und Seneca: Sie alle waren von der heilsamen Kraft ihrer Weisheiten überzeugt, dass Philosophie über die Vergänglichkeit alles Menschlichen hinwegtrösten könne.

Der spätantike Rhetoriker Menander verfasste entsprechende Muster für Trauerreden, die immer aus drei Teilen bestehen sollten, nämlich der Würdigung des Toten (*laudatio*), der Klage über dessen Verlust (*lamentatio*) und dem Trost für die Hinterbliebenen (*consolatio*).

Die berühmteste Trostschrift mit dem schlichten Titel

Consolatio philosophiae (dt. *Trost der Philosophie*) stammt aus der Feder von Boethius, der im 6. Jahrhundert n. Chr. die antike Trostphilosophie vor ihrer Ablösung durch christliche Trostschriften noch einmal in voller Größe aufleben ließ.

Auch die Bibel will Trost vermitteln: Ein Christ steht in seinem Leid, seiner Gebrechlichkeit und Hilflosigkeit nicht allein da, denn »der Gott [...] der Geduld und des Trostes«[3] steht ihm bei, der von sich selbst sagt: »Ich will euch trösten, wie einen seine Mutter tröstet«[4]. Entsprechend heißt es in Psalm 23: »dein Stecken und Stab trösten mich.«[5] Der Apostel Paulus verweist darauf, dass in Not und Todesangst wir Menschen »durch Geduld und Trost der Schrift Hoffnung haben«[6] können. Der Heilige Geist wird ausdrücklich »Tröster«[7] genannt. In der katholischen Volksfrömmigkeit wird insbesondere Maria als Trösterin angesprochen, an die man sich mit seinen Bitten, Nöten und Klagen wenden kann.

Unter diesen Vorzeichen gesehen müsste das Leben eines Gottlosen ohne Trost bleiben: »Was ist Untröstlichkeit?« fragt Kierkegaard – und meint:

> Der wildeste Schrei des Schmerzes, die Vermessenheit der Verzweiflung – so entsetzlich das auch ist. Untröstlichkeit ist es noch nicht. Aber dass man sich in Totenstille mit sich selbst darüber verständigt, dass alles Höhere verloren ist und dass man darin doch leben kann, wenn man durch nichts an das Höhere erinnert wird, das ist Untröstlichkeit.[8]

Muss man aber gleich Kierkegaards Annahme zustimmen, dass bei einem Menschen, dessen Trauer keine religiöse

Hoffnung kennt, die »Klage ohne Trost«[9] bleiben muss? Ein Verlust der Erlösung im religiösen Sinne bedeutet ja noch nicht gleich auch, niemals getröstet werden zu können.

Die traditionelle Trostphilosophie fordert zu fortwährender Arbeit an sich selbst auf. Menschliches Leben sei kein Zustand, sondern ein Prozess, der jeden Tag aufs Neue angegangen werden muss. Bloß oberflächlich alle empfohlenen Weisheiten zu lesen und auswendig zu lernen genügen nicht. Wie man die Heil- und Handwerkskunst erst durch wiederholte Ausübung erwirbt, so gilt es, mit Hilfe eines Ensembles von Übungen sich die Fähigkeit zu erarbeiten, sich mithilfe der angeeigneten Weisheiten und einzelner Techniken dem unausweichlichen Ende gewachsen zu zeigen.

Doch wie kann das Projekt einer lebenslangen Einübung ins Sterben gelingen? Sterben bedeutet doch, das letzte Mal etwas zum ersten und einzigen Male zu tun? Kann man sich also überhaupt auf das Sterben vorbereiten?

Auch mit Bezug auf diese Schwierigkeit gibt es eine Menge Anleitungen und Trostschriften für alle Sterblichen und deren Hinterbliebenen mit zahlreichen Ratschlägen, Tröstungen und Übungen. Vielleicht kann man also zwar den Tod nicht einüben, doch vielleicht versuchen, für ihn bereit zu sein?

Gedenke des Todes!

Viele der antiken Philosophen waren davon überzeugt, dass durch wiederholte Vergegenwärtigung der eigenen Endlichkeit sich die Todesangst bannen lässt. Die Bewältigung des Todes gilt als reine Kopfsache. Man traut dem Menschen zu, sich mit Hilfe seines Intellekts wirksam gegen Angst, Trauer und Verzweiflung stemmen zu können.

Mit den Aufforderungen »*Memento mori!* – Bedenke deine Sterblichkeit!« und »*Respice finem!* – Bedenke dein Ende!« verfolgte man im Laufe der Jahrhunderte jedoch ganz unterschiedliche Ziele:

Im religiösen Zusammenhang soll die Erinnerung an die begrenzte Lebenszeit die Gläubigen zur Umkehr in Bezug auf das eigene Leben bewegen: Nicht im irdisch Vergänglichen liegt das Heil des Menschen, sondern im Jenseits, dem man sich stärker zuwenden soll, so die Botschaft.

Andere wollen mit dem Hinweis auf die Kürze des Lebens den Einzelnen dazu bewegen, bewusster zu leben. Auch hier gilt der Tod zwar als Schlüssel zum wahren Leben, doch weist die Tatsache, dass man sich des eigenen Todes bewusst geworden ist, nicht mehr über das irdische Leben hinaus, sondern vielmehr in das irdische Leben hinein: Man soll seine Lebenszeit nicht sinnlos verplempern, sondern vielmehr im Hier und Jetzt leben – gemäß der Devise von Horaz: »*Carpe diem!* – Pflücke/ergreife den Tag.«[10] Entsprechend meint Carlos in Goethes *Clavigo*:

> Wunderlich! Mich dünkt doch, man lebt nur einmal in der Welt, hat nur einmal diese Kräfte, diese Aussichten, und wer sie nicht zum Besten braucht, wer sich nicht so weit treibt als möglich, ist ein Tor.[11]

Popularisiert hieß es in der Jugendkultur: »Yolo! – You only live once! Du lebst nur einmal!«

Seit wenigen Jahren erregt eine amerikanische App mit

dem Titel *We croak* (dt. ›Wir werden alle dahingerafft‹) einiges Aufsehen: Diese App erinnert den Nutzer fünfmal täglich an die eigene Sterblichkeit, damit der Angesprochene nicht gefangen in den ausgetretenen Wegen seiner Gewohnheiten vergisst, bewusst und intensiv zu leben.

Andere wiederum versuchen, mit der regelmäßigen Erinnerung an die Sterblichkeit auf die Gleichheit aller Menschen aufmerksam zu machen, damit sich niemand für wertvoller hält als die übrigen. Denn vor dem Tod sind alle gleich. Und solch eine Einstellung kann auch vor Hochmut und Hybris schützen.

In unserem Zusammenhang nun soll die Mahnung, das eigene Ende regelmäßig zu bedenken, vorrangig dazu dienen, sich an den bevorstehenden Tod beizeiten zu gewöhnen, um dann am Ende mit dem eigenen Tod besser fertig werden zu können.

Die meisten dieser Vertröstungen gehen davon aus, dass die düsteren Affekte im Zusammenhang mit Sterben und Tod auf falschen Voraussetzungen beruhen, deren Berichtigung eine Überwindung dieser Gefühle bewirken kann. Alles kommt auf die rechte Einsicht an. Eine Änderung des eigenen Urteils in Bezug auf das eigene Ende aufgrund vernünftiger Erwägungen könne mit den Ursachen der beklemmenden Emotionen auch diese selbst zum Verschwinden bringen. Hinter diesem Gedanken steckt letztlich die ebenso aufklärerische wie trügerische Zuversicht, dass sich mithilfe rationaler Argumente vernunftwidrige Gefühlszustände mildern, ja sogar aufheben lassen.

Eine Frage von Übung und Gewöhnung

Fast alle Ratschläge zur Bekämpfung der mit dem Tod verbundenen Leiden und Ängste starten mit der angedeuteten Empfehlung, sich sein Leben lang mit dem eigenen Ende zu beschäftigen, damit man sich an seine Vergänglichkeit und die seiner Nächsten gewöhnt. Dann falle es leichter, vom Leben zu lassen. Seit Plato bekommt man zu lesen: Philosophieren heißt sterben lernen! Nur durch regelmäßige Auseinandersetzung mit der eigenen Endlichkeit könne man sich mit der Vorstellung anfreunden, eines Tages auch dahingerafft zu werden. Dadurch büßt, so die Autoren, der Tod allmählich seinen Schrecken ein. Da jede Stunde die letzte sein kann, ist es sinnvoll, sogar jeden Augenblick mit dem Ende zu rechnen. Daher wird geraten, durch lebenslange Gedankenübungen wie etwa durch die eingewöhnte Vorstellung, dass man morgen sterben könnte, sich mit dem eigenen Ende abzufinden. Alles ist leichter zu erdulden, so die Autoren, wenn man es wiederholt in Gedanken vorwegnimmt und sich lange vorher darauf einstellt.

Die alten Philosophen empfehlen auch, sich in die Lage von Todgeweihten zu versetzen, die nur noch wenige Tage zu leben hätten. Zur Formung eines todbereiten Selbst gehöre außerdem, sich die gelernten Sterbeweisheiten regelmäßig etwa morgens und abends aufzusagen, um auf diese Weise für den Ausnahmezustand gerüstet zu sein.

Im Gedicht *Die Uhr* wird für Charles Baudelaire deren Schlagen zu einem wichtigen Unterstützer, ihr unaufhörliches Ticken eine ständige Erinnerung an die Kürze des Lebens.

Mit solchen Maßnahmen sollen wir unsere natürliche

Anhänglichkeit an unser Leben schwächen. Gewöhnung kann selbst das Schlimmste zum Gewöhnlichen herabmildern und diesem hierdurch seinen Stachel ziehen. Wenn man anschließend irgendwann mit dem eigenen Ende oder dem Tod seiner Nächsten konfrontiert wird, bleibt man von übersteigerten Gefühlsregungen verschont.

Eine völlige Abtötung der Affekte in den Wechselfällen des Lebens mag zwar unrealistisch sein, denn Gefühle kommen und gehen. Maßvolle Ängstlichkeit und Traurigkeit liegen aber vielleicht im Bereich des Menschenmöglichen.

Letzte-Hilfe-Koffer

Nun sind weder religiöse Lebenszusagen noch philosophische Weisheiten die einzigen Trostmittel. Trost wird nicht nur aus Worten gezogen. In Notsituationen greifen wir Menschen nach allem, was uns Aufmunterung verspricht und uns zu trösten vermag. Der Katalog konkreter Trostpraktiken bietet reichhaltige Auswahl. Er enthält sowohl kleine als auch große Tröstungen. Manchmal vermögen zwar nur große Konzepte wie ›Gott‹ und ›Unsterblichkeit‹ uns Trost zu spenden, nicht selten aber auch kleinere Annehmlichkeiten wie einsame Wanderungen oder sportliche Aktivitäten, jedoch auch Süßigkeiten, Alkohol, Schlaf – und Humor.

Menschlicher Beistand. Ganz oben auf der Liste der bewährten Trostmittel steht der wechselseitige Beistand. Wenn uns im beschwerlichen Alltag das Leben überfordert, dann wenden wir uns an Freunde und Verwandte. Die zeigen Anteilnahme mit besänftigenden Worten, haben ein offenes Ohr für unsere tränenreichen Klagen, gehen mit uns auf Strand- und Waldspaziergänge. Beim ruhigen Miteinander oder in ausgiebigen Gesprächen spüren wir als Trostsuchende, dass wir nicht allein sind. Sprechen kann Knoten lösen, die ein zu langes Schweigen geschnürt hat.

Wer einen Trauerweg als Tröstender mitgeht, sollte aber nicht krampfhaft versuchen, den Trauernden auf andere Gedanken zu bringen. Er sollte auch nicht allem widersprechen, was er für falsch hält. Und besonders verführerisch ist es, über die fremde Not den Blick auf das eigene Schicksal zu lenken, um so doch nur die eigenen Probleme im Kopf zu haben.

Normalerweise empfinden wir es als angenehm, wenn sich die Menschen freuen, die man liebt, und für uns ist es schrecklich, sie leiden zu sehen. Ein fröhliches Gesicht erheitert, ein trauriges betrübt uns. Die heutige Forschung erklärt solches Mitfühlen durch sogenannte Spiegelneuronen. Hiernach aktiviert die Betrachtung von Freude und Traurigkeit bei einem anderen Menschen im eigenen Hirn abgeschwächt die gleichen Nervenzellen, die aktiviert würden, wenn man die emotionalen Vorgänge nicht bloß passiv beobachten, sondern selbst erleben würde (Die Theorie ist nicht ganz unumstritten, sagt aber einiges über unser Verhältnis zu unseren Nächsten aus). Besonders Liebende nehmen am Leben des anderen auf sensible Weise teil.

Obwohl nun aber niemand wirklich am Leid eines anderen Menschen teilhaben kann, entsteht doch mitunter das tröstliche Gefühl, einen Teil der Last an den Mitleidenden abgeben zu können. Mit Hans Blumenberg gesprochen: »Trost beruht auf der allgemeinen Fähigkeit des Menschen zu delegieren, nicht selbst und allein alles tun und tragen zu müssen, was ihm obliegt und zufällt.«[12] So wird mitgeteiltes Leid zu geteiltem Leid, und geteiltes Leid ist, so das Sprichwort, halbes Leid, wie geteilte Freude leicht zur doppelten Freude wird.

Allerdings gilt hier wie sonst auch: Der emotionale Beistand unserer Mitmenschen schafft die bitteren Widerfahrnisse nicht aus der Welt, sondern mildert im besten Falle deren Wucht, indem er sie ein Stück auf Abstand bringt.

Was könnte noch helfen? Eine mittlere Stellung zwischen Zweisamkeit und Einsamkeit nimmt das *Lesen* ein. Wie einzigartig diese Beschäftigung ist: Man vertieft sich in einen Text und schaut in unermessliche Weiten! Thomas von Kempen, spätmittelalterlicher Verfasser geistlicher Erbauungsliteratur, bemerkt: »Ich habe überall nach Glück gesucht, aber ich habe es nirgends gefunden außer in einem Eckchen mit einem kleinen Büchlein.«[13]

Doch nicht nur Gebet- und Stundenbücher können Kraft und Trost spenden, sondern auch weltliche Texte: Poesie, Romane, Sachbücher. »Hier erleichtere ich [...] meine traurige Lage mit Gedichten«, notiert Ovid im Exil am Schwarzen Meer.[14] Es gibt zahllose tröstliche Gedichte. Stellvertretend sei hier nur auf Eichendorffs »Komm Trost der Welt, du stille Nacht« hingewiesen.

Kurz: Bücher sind die beständigsten Freunde im Leben, ein Trost des Einsamen, heilsame Ablenkung, eine wichtige Wegzehrung auf unserer Lebensreise. Bücher können Rat und Hilfe geben. Sie sind Freunde, mit denen man Zwiesprache halten und die man mit sich tragen kann. Selbst im Zeitalter des Internet und der Lesegeräte stellen Bücher einen großen Lebenstrost dar, dessen stärkster Konkurrent außer den neuen Medien die Musik ist.

Musik hat oft eine ähnlich tröstliche Funktion wie ein Buch oder Gespräch. Sie ist, denkt man an die eigentliche Aufgabe, sich am Leben zu erhalten, purer Luxus, dem es aber im Laufe der Menschheitsgeschichte gelang, sich irgendwie doch unentbehrlich zu machen. Natürlich sind die Wirkungen der Musik vielfältig. Doch ihre tröstliche Kraft steht außer Frage. Tonschöpfungen übersteigen alle Formen sprachlicher Tröstung. Für viele bilden sie Notrationen auf ihrem mitunter holprigen Lebensweg. Ohne als Ankündigung religiöser Erlösung gehört werden zu müssen, kann Musik tiefen Frieden oder besänftigende Ruhe und dadurch zeitweilig Seelenfrieden bringen. Sie kann für Momente die Missklänge unseres Lebens zu einer Harmonie, das Zerbrochene zu einer Ganzheit, das Fragmentarische zu einer Einheit fügen.

Unabhängig davon, welche Musikrichtungen der Einzelne bevorzugt: Viele fühlen sich von ihrer Lieblingsmusik getröstet, weil sie sich von deren Klängen wie von einem guten Freund verstanden fühlen.

Hier liegt der Schlüssel zum Verständnis der merkwürdigen Tatsache, dass Menschen gerade in schwierigen Lebenslagen gerne ernste Musik hören. Es leuchtet sofort ein, dass heiter und fröhlich klingende Tonfolgen die alltägliche Daseinsschwere auf Distanz bringen können. Doch die seltsame Lust auf melancholisch anmutende Klänge erscheint auf den ersten Blick rätselhaft. Schwermütig anmutende Melodien scheinen traurigen Stimmungen zu ähneln, in die uns das Leben zuweilen stürzt. Auf diese Weise fühlen wir uns von ihren Klängen verstanden, mit denen wir unser Leid teilen dürfen, ohne uns ihnen erklären und mit ihnen sprechen zu müssen.

Doch vermag ernste, schwer anmutende Musik nicht bloß die menschliche Daseinslast auszudrücken. Es liegt auch in ihrer Macht, uns von dieser zu entlasten. Tröstliche Musik dient als Widerstand gegen Verzweiflung. Indem sie die Traurigkeit des Hörers steigert, unterstützt sie die Bearbeitung und Bewältigung seiner Nöte. Nicht selten löst sie Tränen aus. Wenn ihre Klänge berühren, anspannen und aufwühlen, dann können Gefühle sich entladen, Verspannungen sich lösen: Der existenzielle Druck wird abgebaut. Doch kann auch Musik wie alle Tröstungen wohl nicht vollständig von Mühe, Sorge und Angst befreien, sondern diese nur erträglicher machen. Musik ist so etwas, könnte man sagen, wie ein Zuspruch ohne Versprechen.[15]

Weinen. Auch die tröstliche Kraft des Weinens besteht darin, Druck abzubauen. Es leistet auf diese Weise gleichfalls einen wesentlichen Beitrag zur Milderung von Leid. Wo uns der Tod in welcher Form auch immer streift, dort kommt es häufig zu heftigen Gefühlsregungen. Um mit einer betrüblichen Sache, einer tödlichen Krankheit oder dem Ableben einer uns nahestehenden Person fertig zu werden, muss man Stellung hierzu beziehen können. Das ist aber nur möglich, wenn zwischen dem Widerfahrnis und dem Betroffenen ein auch nur noch so geringer Abstand besteht.

Oft wird man von schlechten Nachrichten geradezu überrannt. Der Abstand zwischen ihnen und dem Notleidenden geht dann auf null. Jetzt gibt es keinen Spielraum mehr, irgendwie mit der Sache fertigzuwerden. Es kann vielleicht sogar nicht einmal mehr die Frage gestellt werden, ob man überhaupt ertragen kann, was man tragen muss.

In solchen ausweglosen Lagen, so der Anthropologe Helmuth Plessner,[16] übernimmt es unser Körper unabhängig von uns, die schwierige Situation zu meistern. Selbst wenn wir als bewusste Wesen vor der Aufgabe kapitulieren, das, was uns überwältigt, in den Griff zu bekommen, kann es unserem Körper immer noch gelingen, Abhilfe zu schaffen: Wir fangen unwillkürlich zu weinen an und bewältigen hierdurch eine Notlage, derer wir anders nicht mehr Herr werden könnten: Indem man spontan zu weinen beginnt, wird man mit einer Überforderung selbst da noch fertig, wo man gerade nicht mehr damit fertig wurde.

Rauschmittel. Der Konsum von Rauschmitteln ermöglicht es wieder auf ganz andere Weise, seinen Ängsten im Zusammenhang mit Sterben und Tod zu entfliehen. Es ist ein schwerer Irrtum zu glauben, dass chemisch induzierte Stimmungsaufhellung oder sogar Euphorie angesichts einer ernsten Lage stets fehl am Platz sei. Am Ende zählt, was lindert. Rauschmittel wie Alkohol, Cannabis und andere psychoaktive Substanzen können für Augenblicke vom allgemeinen Daseinsdruck befreien, Gefühle der Erleichterung hervorrufen. Für Kant besteht der eigentliche Nutzen von Rauschmitteln darin, uns von unserer bloßen Existenz zu entlasten. Sie könnten »den Menschen die Last, die ursprünglich im Leben überhaupt zu liegen scheint, vergessen machen.«[17]

Aus demselben Grund hält Sigmund Freud Rauschmittel für letztlich unentbehrlich:

> Das Leben, wie es uns auferlegt ist, ist zu schwer für uns, es bringt uns zuviel Schmerzen, Enttäuschungen, unlösbare Aufgaben. Um es zu ertragen, können wir Linderungsmittel nicht entbehren. Es geht nicht ohne Hilfskonstruktionen, hat uns THEODOR FONTANE gesagt:

Solcher Mittel gibt es vielleicht dreierlei: mächtige Ablenkungen, die uns unser Elend gering schätzen lassen, Ersatzbefriedigungen, die es verringern, Rauschstoffe, die uns für dasselbe unempfindlich machen. Irgendetwas dieser Art ist unerlässlich. [Auf erniedrigtem Niveau sagt Wilhelm Busch in der »Frommen Helene« dasselbe: »Wer Sorgen hat, hat auch Likör.«][18]

Solcherlei Mittel bieten tröstliche Erleichterungen im beschwerlichen Alltag unseres sorgenvollen Daseins. So können sie die letzten Wochen, Tage und Stunden eines Sterbenden entlasten.

Humor. Tröstliche Erleichterung kann auch Humor bewirken. Humor und Ernst bilden keine Gegensätze. Beide sind miteinander vereinbar. Mehr noch: Humor hilft, mit dem Ernst des Lebens besser fertigzuwerden – und damit auch mit dem Tod, der sogar zu makabren Witzen einlädt. Als Mark Twain während einer Europareise in einer großen amerikanischen Tageszeitung zu lesen bekam, dass er gestorben sei, wandte er sich an die verantwortliche Redaktion mit dem Telegramm: »Nachricht von meinem Tode gelesen – Stark übertrieben!«[19] Mit dem ihm eigenen Galgenhumor ließ der irische Schriftsteller George Bernard Shaw nach seinem Tod folgende Inschrift auf seinem Grabstein anbringen: »Ich wusste, dass es eines Tages so kommen würde.«[20]

Natürlich wird das Leben erträglicher, wenn man es mit Humor angeht, wie der Komiker Woody Allen findet, weil sich auf diese Weise die Realität leichter auf Distanz halten lässt. Humor ist, wenn man trotzdem lacht, oder frei mit Oscar Wilde gesprochen: »Das Leben ist zu wichtig, um es ernst zu nehmen.«[21] Anscheinend kann auch der Tod mit Humor entschärft werden.

Trost durch Humor gewährt dabei wieder keine allumfassende, endgültige Lösung, sondern ermöglicht lediglich Abstand zu dem, was einen massiv bedrängt: Distanzgewinn zur Milderung der bitteren Daseinshärten. Dies ist auch Kant nicht entgangen:

> Voltaire sagte, der Himmel habe uns zum Gegengewicht gegen die vielen Mühseligkeiten des Lebens zwei Dinge gegeben, die Hoffnung und den Schlaf. Er hätte noch das Lachen dazu rechnen können.[22]

Und ähnlich Nietzsche: »Das Leben ist schwer zu tragen«, doch »durch Lachen tötet man. Auf, lasst uns den Geist der Schwere töten«,[23] und an anderer Stelle:

> Vielleicht weiß ich am besten, warum der Mensch allein lacht: er allein leidet so tief, dass er das Lachen erfinden musste. Das unglückliche und melancholische Tier ist, wie billig, das heiterste.[24]

Schlaf. Wer selbst in Grenzsituationen zu heiterer Gelassenheit fähig bleibt, dem kommen auch selten Appetit und Schlaf abhanden. Ausgiebige Nachtruhe kann uns Erdenbürgern für Augenblicke von Stirnfalten und Sorgenmienen befreien. Nachdem man in seine Kissen gesunken ist, verschwindet für einige Stunden die quälende Not.

> O Schlaf, du süßer Trost, du Helfer in der Not, wie köstlich überkamst du mich, als ich dich brauchte! Erhabene

Gottheit du, Vergessen aller Qual, wie weise bist du und erwünscht den Unglücklichen!

So dichtet der griechische Tragiker Euripides.[25]

Weisheiten. Wie bereits angedeutet, gibt es eine Vielzahl philosophischer Merksätze und Anleitungen. Diese nehmen unter den Mitteln des Trostes eine besondere Stellung ein. So kann das bereits angesprochene Symmetrieargument, wonach es auf dasselbe hinausläuft, noch ungeboren oder wieder tot zu sein, zwar nicht die Todesangst besiegen, aber vielleicht dennoch ein wenig trösten. Das Gleiche gilt für Epikurs Erkenntnis, dass der Tod nicht schlimm sein kann, weil wir, einmal gestorben, ja nicht mehr da sind und folglich auch nichts mehr empfinden können. Auch diese Einsicht setzt zwar die Todesangst nicht außer Kraft, kann aber tröstlich wirken.

Im Laufe der Zeit wurde ein ganzes Arsenal tröstlicher Weisheiten mit der Empfehlung entwickelt, sich diese regelmäßig zu vergegenwärtigen, um besser für das bevorstehende Ende vorbereitet zu sein. Dazu gehört die Feststellung, dass es in Anbetracht der unermesslichen Zeit keinerlei Bedeutung habe, ob man ein paar Jahre früher oder später stirbt. Denn man wird, so könnte man das Symmetrieargument anführen, sowieso Millionen von Jahren nicht mehr existieren, wie man zuvor auch schon Jahrmilliarden nicht auf der Erde weilte. Dessen ungeachtet könnte ein Weiterleben vielleicht noch größeres Leid bedeuten, das einen in naher Zukunft heimgesucht hätte, von dem man so aber verschont bleibt. So oder so teilt man im Tod mit allen Lebewesen das Schicksal der Endlichkeit. Es ist unsinnig, sich gegen das Schicksal aufzulehnen, wenn man nichts gegen es ausrichten kann, wie Seneca pointiert: »Den Willigen führt das Schicksal, den Widerstrebenden schleppt es fort.«[26] Falls man ein erfülltes Leben hat, soll man sich darüber freuen, es überhaupt gelebt zu haben. Doch wenn das Leben misslang und furchtbar ist, dann kann man froh sein, es bald hinter sich zu haben.

Verfehlte Tröstung

Obwohl die ausgewählten Trostmittel – wechselseitiger Beistand, Sport, Kunst, Weinen, Rauschmittel, Humor, Schlaf, Weisheiten – alle sinnvoll, beherzigenswert und klug sind, wirken sie in Notsituationen doch oftmals nur begrenzt, häufig sogar gar nicht. Sie funktionieren im Ernstfall bestenfalls teilweise. Doch warum zeigen sie nur eine schwache Wirkung? Sollten mit ihrer Hilfe nicht Angst, Leid und Trauer gut verarbeitet werden können?

Das hat verschiedene Gründe: Einige Weisheiten klingen dem einen oder anderen vielleicht doch arg überholt. Sie überzeugen nicht. So hört sich für manchen Zeitgenossen die Vorstellung, demnächst für immer tot zu sein, grauenhaft an. Und das wird durch wiederholte Auseinandersetzung mit der Vorstellung auch nicht besser. Ebenfalls ist der Gedanke wenig tröstlich, dass einem durch den Tod mögliches künftiges Leid erspart bleibt. Das Gleiche gilt für die unbestrittene Tatsache, dass der Tod ein natürliches Phänomen ist und alle Menschen sterben müssen. Viele empfinden den Tod trotzdem als grausames Los. Auch der Ratschlag, erhobenen Hauptes dem Tod entgegenzugehen, weil sich ohnehin gegen den Tod nichts ausrichten lässt, vermindert die Todesangst nicht unbedingt: Man klagt ja nicht, obwohl das Ende unvermeidlich ist, sondern gerade aus diesem Grund!

Eigentlich ist unsere Lage sogar noch schlimmer. Denn unsere Probleme mit dem Tod – die Ängste, das Leid und die Trauer – blieben selbst dann noch bestehen, wenn allen Weisheiten vorbehaltlos zugestimmt werden könnte. Auch unter dieser Voraussetzung würden sie im Ernstfall vermutlich kaum eine Rolle spielen können. Statt für philosophische Sprüche und Anleitungen interessieren sich Sterbende mehr für ihre Krankheit. Sie informieren sich in Büchern oder im Internet über Behandlungsschritte, Heilungschancen, Rückfallquoten und Sterberaten. Außerdem erkundigen sie sich oft nach Menschen mit vergleichbaren Erkrankungen und konsultieren mehrere Ärzte.

Unter Umständen verschlimmern Tränen, Musik und Alkohol sogar die Lage. Statt zu befreien, führen sie möglicherweise zu gesteigertem Entsetzen. Schlaf gelingt nur teilweise. So gerne man auch sorglos lachen möchte, nach Witzen ist einem jetzt nicht mehr zumute.

> Ach, es ist so dunkel in des Todes Kammer
> Tönt so traurig, wenn er sich bewegt
> Und nun aufhebt seinen schweren Hammer.

dichtet Matthias Claudius.[27] An einem Tag ist der Schwerkranke stumm, unzugänglich, weil er sich einsam und verloren fühlt, am anderen Tag heiter und gesprächig, sucht nach menschlicher Nähe, nach Besuchen und Unterhaltung. Nicht selten aber ist der Wunsch nach Ruhe groß. Es hat eine Berg- und Talfahrt begonnen zwischen Wut und

Mut, Jammer und Geduld, Verzweiflung und Zuversicht. Die Höflichkeit bitterer Wahrheiten besteht aus Zuversicht! Sie ist die Anstandsmaske der Verzweiflung, das Taktgefühl der Not, die einen Schwerkranken berechtigt oder vergeblich Hoffnung schöpfen lässt.

So greifen also die Trostmittel im Ernstfall nur eingeschränkt. Dasselbe gilt für deren Anwendung auf die *Trauer von Hinterbliebenen.* Die Anwesenheit des Abwesenden stürzt einen Trauernden oft in tiefe Einsamkeit. Auch hier ist es so, dass vielleicht einerseits das Gespräch mit Freunden gesucht wird, andererseits deren alltägliche Normalität leicht als unerträgliche Provokation empfunden werden kann. Man verbringt trostlose Tage und Abende, in denen sich leere Augenblicke aneinanderreihen. Philosophische Weisheiten kommen in solchen Situationen kaum an den Schmerz heran, und der Trost der Musik bleibt dann auch eher schwach, wenn er nicht sogar die Trauer anstachelt. Ludwig van Beethovens Aphorismus klingt zwar schön: »Die Kreuze im Leben des Menschen sind wie die Kreuze in der Musik: Sie erhöhen.«[28] Doch wer leidet, hat meistens weniger das Gefühl erhöht als vielmehr erdrückt zu werden.

Ein Trost, der nicht tröstet, verstärkt letzten Endes dann doch die Not, die er eigentlich verringern sollte. Wie der Abschied vom eigenen Leben, so ist der Abschied von einer geliebten Person meist eine traurige Angelegenheit, die für gewöhnlich weder zu humorvollem Lachen einlädt noch zu wohligem Schlummern taugt. Wenn man seinen Arzt ernsthaft fragt: »Habe ich eine seltene Krankheit?«, und dann zur Antwort bekommt: »Nein, die Friedhöfe sind voll davon«, wird einem vermutlich nicht nach Lachen zumute sein. Und statt zu schlafen, liegt man vielleicht die ganze

Nacht wach im Bett: »Wenn ich mich legte, sprach ich: Wann werde ich aufstehen? Und der Abend ward mir lang; ich wälzte mich und wurde des satt bis zur Dämmerung.«, klagt Hiob.[29] Am Ende zeigen sich allzu oft auch Schlaf und Humor dem Tod nicht gewachsen.

Mögen Rauschmittel für existenzielle Erleichterung sorgen, im besten Falle sogar flüchtige Glücksgefühle hervorrufen, so bleiben die beglückenden Substanzen doch prekär. Hier soll es einmal nicht um ihre körperschädigende Wirkung gehen, sondern lediglich eine beunruhigende Dissonanz aufgezeigt werden, die mit ihnen verbunden ist: Rauschstoffe können betäuben, euphorisieren und etwas vortäuschen, das gar nicht existiert. Die Gefühle, die sie hervorrufen, sind zwar irgendwie echt, doch womöglich sind sie unangemessen, weil sie nicht zur Gesamtsituation passen. Das wäre an sich nicht schlimm, wenn der Betroffene hierdurch später nicht noch verwundbarer werden würde. Denn die künstlich erzeugte Sorglosigkeit stimmt nur schwer mit seinem sonst eher bedrückenden Leben überein. Was passiert aber dann, wenn die Rauschmittel abklingen?

Aus alldem wird deutlich, wie schwierig es ist, sich an den Tod auf irgendeine Art und Weise so zu gewöhnen, dass er seine beängstigende, verstörende Wirkung verliert. Die angedeuteten Grenzen weit verbreiteter und häufig empfohlener Trostmittel machen anscheinend auf einen meist übersehenen Schwachpunkt aller Tröstungen aufmerksam: Offenbar genügt es nicht, die angeratenen und bekannten Trostmittel zu kennen, zu beherrschen und zu verinnerlichen, um sie wirksam zum Einsatz bringen zu können. Die vielfältigen Trostangebote können uns erst dann über das eigene Dahinscheiden und das Ableben unserer Nächsten hinwegtrösten, wenn wir auch über eine diesen Tröstungen angemessene Grundhaltung dem Leben gegenüber verfügen.

Askese – Demut – Bescheidenheit

Je steiler ein Abhang, umso wahrscheinlicher der Absturz und desto härter die Landung. Die Höhe der Ansprüche bestimmt das Gefälle, mit dem man von seinen Niederlagen getroffen wird. Die schwersten Enttäuschungen entspringen überspannten Erwartungen. Scheinbar unbelehrbar neigt seit jeher unser auf Selbsterhaltung angelegter Lebenswille zur Selbstüberschätzung. Doch ohne derartig existenzförderliche Fiktionen würden wir nicht überleben. Trotzdem wird unser Dasein von allen Seiten her begrenzt. Und das Leben fordert uns ja ständig dazu heraus, dass wir uns diesen Begrenzungen stellen.

Allerdings braucht es keineswegs enthusiastischen Heldenmut, um dem Tod leichter unter die Augen treten zu können. Im Gegenteil, jede euphorische Zustimmung gegenüber dem eigenen Ende ist realitätsferne Poesie, wenn nicht gar geschwätzige Pose. Eine maßvolle Einwilligung hängt von der Fähigkeit ab, den Blick von sich selbst lösen und das eigene Ego wenigstens teilweise überwinden zu können. »Der Tod ist unerträglich, wenn du über das Ich nicht hinwegkommst«, sagt Susan Sontag.[30] Verschiedene Traditionen empfehlen eine solche Preisgabe des eigenen Selbst.

Theistische Demut. Zu den Frömmigkeitsidealen aller monotheistischen Religionen gehört die Tugend der Demut, die, so die traditionelle Auffassung, gelernt und geübt werden kann. »Such nicht immer, was dir fehle, Demut fülle deine Seele«, meint Fontane.[31]

Demut nimmt in der jüdischen, christlichen und islamischen Religion eine herausragende Stellung ein. Hochmut steht ihr diametral entgegen. Bei den drei großen monotheistischen Religionen bezeichnet Demut eine Haltung gegenüber Gott, die sich durch Ergebenheit auszeichnet. Der Mensch soll sich demütig vor Gott zeigen. Dafür muss er seine Selbstliebe besiegen. Demut erfordert ein hohes Maß an Zurückhaltung. Religiöse Demut benötigt die Bereitschaft, das Persönliche dem Willen Gottes unterzuordnen. Sie verzichtet darauf, eigennützige Interessen durchzusetzen. Der Gläubige nimmt sich Gott gegenüber zurück, der Herr der Lebenden und Toten ist. In Demut bekundet der Gläubige seine unbedingte Abhängigkeit von Gott, auf dessen gnädiges Wirken er hofft.

Wer gottergeben zu leben versteht, wird in dem Bewusstsein, vor Gott fast nichts zu sein, sein unabänderliches Geschick eher klag- und anklagelos hinnehmen können. Ein demütiger Mensch weiß um seine Geringfügigkeit im Vergleich zu Gottes übermächtiger Größe. Demut bedeutet in diesem Sinne, sich nicht so wichtig zu nehmen. Darum kann der Demütige seine Not vielleicht auch besser und für sich ertragen.

Solche Bereitschaft, die eigene Kleinheit vor Gottes gewaltiger Größe einzugestehen, befähigt den Einzelnen, ein Stück weit über die Belange seines Egos hinwegzusehen. Mit einer solchen Haltung lässt sich auch der Tod relativieren.

Buddhistische Askese. Eine andere Form, das eigene Selbst zurückzunehmen, besteht darin, den eigenen Willen zu verneinen. Aufs Ganze gesehen ist der Buddhismus weniger ein System von Glaubenswahrheiten als eine Anleitung zu einem möglichst sorgenfreien Leben. Wichtiger als der rechte Glaube ist das richtige Handeln. Dabei gehen die Buddhisten von vier Wahrheiten aus:

1. Alles menschliche Leben ist mühsam, sorgenreich und elend.
2. Dieser schmerzliche Normalzustand wird durch unablässiges Verlangen, Begehren und Wollen hervorgerufen: Unersättliche Lebensgier hält den karmischen Prozess der Wiedergeburt in Gang (Unter Karma werden zum einen die Handlungen eines Menschen, zum anderen deren Wirkungen und Auswirkungen auf das spätere Leben verstanden). Dem Wert der im vorigen Leben vollbrachten Taten entsprechend wird der Einzelne entweder auf einer höheren oder tieferen Lebensstufe als der gerade eingenommenen wiedergeboren. Der jeweilige Lebenswandel entscheidet also darüber, ob und als was man in der Welt wiederkehrt. Der Tod gilt dabei nur als Durchgangsstation, die so oft durchlaufen werden muss, bis man irgendwann zur ewigen Ruhe findet. Letztes Ziel ist die Erlösung vom bunten Welttreiben, das letztlich nur aus Leid und Not besteht.
3. Diese Mühen sind dadurch zu besiegen, dass man dem eigenen Selbst und der Welt entsagt, sprich: wunsch- und leidenschaftslos wird. Im Grunde kommt es darauf an, alles Wollen sein zu lassen. Ein solcher Zustand lässt sich durch meditative Übungen und eine entsprechende Lebensweise erreichen.
4. Wem es gelingt, von den Dingen dieser Welt wirklich

Abstand zu nehmen und das Feuer seiner Leidenschaften zum Erlöschen zu bringen, der kehrt in das von allem Leben und Leiden befreite Nichts – *Nirwana* – ein, also dorthin, wo nach dem endgültigen Tod alles Bewusstsein für immer aufhören wird. Das buddhistische ›Nichts‹ bezeichnet einen Zustand vollkommener Ruhe, eine friedliche Seligkeit, das dauerhafte Erlöschen aller Begierden, Sehnsüchte und Wünsche.

In der Preisgabe allen persönlichen Wollens schwindet gleichsam das Ich, bis es sich gänzlich auflöst. Wahre Erlösung geschieht durch vollständiges Erlöschen der eigenen Individualität. Diese wird bereits in der Meditation aufgehoben, die den Einzelnen von sich selbst befreit. Auf diese Weise nimmt das kontemplative Leben auch dem Tod das Gewicht, so dass er einem nun kaum noch etwas anhaben kann.

Kosmische Bescheidenheit. Einen wieder anderen Beitrag zur Relativierung der eigenen Bedeutung kann darin bestehen, sich selbst versuchsweise in den Kosmos als das große Ganze einzuordnen. Wer unsere Erde von einer fernen Galaxie aus betrachtet, wird zwangsläufig erkennen müssen, dass unser Planet nur einen verschwindend kleinen Platz im Weltraum einnimmt und dass wir nur vergleichsweise kurze Zeit auf ihm verweilen. Der Mensch ist räumlich marginal und zeitlich ephemer. Unmissverständlich offenbart der Kosmos unsere Nichtigkeit. Aus kosmischer Perspektive gesehen erscheint alles Menschliche als winzig und unerheblich. Dies zu erkennen kann den Einzelnen davor schützten, sich über seine wahre Größe zu täuschen.

Doch solch desillusionierende Sicht auf den Menschen kann sowohl demütig machen als auch demütigend wirken. Allerdings erscheint unsere kosmische Geringfügigkeit nur vor dem Hintergrund der enttäuschten Erwartung kosmischer Bedeutsamkeit als demütigend. Wer sich erst gar nicht die Krone der Schöpfung aufs Haupt zu setzen versucht, den kann es auch nicht kränken, wenn er sich seiner Nichtigkeit bewusst wird.

Ob man imstande ist, in das Unabänderliche einzuwilligen, hängt wesentlich davon ab, welcher Mensch man sein möchte, als was man sich selbst versteht, an was man sein Leben orientiert. Die unfassbare Unendlichkeit Gottes und die Unermesslichkeit des Universums nötigen uns Menschen gleichermaßen Demut und Bescheidenheit ab. Jedem, der eine Grundhaltung der Demut, Askese und Bescheidenheit einnimmt und die eigene Geringfügigkeit verinnerlicht, wird es leichter fallen, sich ins Unausweichliche zu fügen. Er wird es nicht so schwer haben wie alle, die nicht von sich absehen können, weil sie ihre Ansprüche ans Leben zu wichtig nehmen.

Hat man sich erst einmal diese Lebenshaltung angeeignet, können am Ende schließlich die zuvor hinterfragten Tröstungen, Ratschläge und Übungen, die das Beste aus dem Tod zu machen versuchen, doch noch als Lebenshilfen wirksam werden: Vermutlich erst dann, wenn die Erfahrung eigener Kleinheit in das eigene Selbstbild übergegangen ist, lassen sich die erwähnten Anleitungen und Argumente zur Überwindung von Todesangst und Trauer besser umsetzen. Nun können die behandelten Tröstungen möglicherweise existenzielle Wirkkraft entfalten. Es genügt also nicht, die Trostmittel zu kennen. Es muss eine gelebte Grundhaltung hinzukommen, die den Trostmitteln auch angemessen ist.

Störungen des Gleichgewichts

Asiatische Religionen verstehen – vereinfacht gesagt – die gesuchte Grundhaltung als willensverneinende Askese, monotheistische Religionen als gottergebene Demut und naturalistische Humanisten als kosmische Bescheidenheit. Wo diese Grundhaltung gelebt wird, können die ausgearbeiteten Trostmittel bis zu einem gewissen Maß über den Tod hinwegtrösten.

Doch gänzlich beseitigen lassen sich die Todesangst, der Trennungsschmerz und die Trauer auch mit diesem Rüstzeug nicht. Zwar sind wir jetzt eher imstande, unsere Endlichkeit zu ertragen. Doch lässt sich der Wille weiterzuleben durch das tief eingeprägte Bewusstsein eigener Geringfügigkeit wohl nicht gänzlich außer Kraft setzen. Im Grunde darf der Lebenswille auch gar nicht völlig aufgehoben werden, wenn wir unseren Alltag und unser Dasein weiterhin erfolgreich meistern wollen. Meist erst mit Verlust seiner Vitalität verliert der Einzelne den Geschmack am Leben, wie Fontane meint:

Immer enger, leise, leise
Ziehen sich die Lebenskreise,
Schwindet hin, was prahlt und prunkt,
Schwindet Hoffen, Hassen, Lieben,
Und ist nichts in Sicht geblieben
Als der letzte dunkle Punkt.[32]

Andererseits klammern sich selbst Todkranke oft an jede Möglichkeit, das eigene Leben zu verlängern. Schon kleine medizinische Erfolge und einige aufmunternde Arztworte bringen einen dazu zu glauben, dass alles nicht so schlimm sei. Im Notfall hält man am Unwahrscheinlichen, ja Unmöglichen fest. Fast jede Behandlung wird als Chance verstanden, mögen die Nebenwirkungen noch so groß und die Erfolgsaussichten noch so gering sein, so stark ist der Überlebenswille. Es wird nach jedem Strohhalm gegriffen, der Rettung verspricht. Schon geringfügige Verbesserungen lassen Zuversicht aufkeimen.

Das ist verständlich. Denn hat nicht Karl Jaspers recht, wenn er ausführt: »In der Welt gibt es keinen wirklichen und wahrhaften Trost, der mir die Vergänglichkeit von allem und meiner selbst verständlich und ertragbar erscheinen lässt.«[33] Ähnlich Hans Blumenberg: »Niemand lässt sich darüber trösten, dass er sterben muss. Aller Argumente sind schlecht bis lächerlich, die dafür Trost und Tröstungsfähigkeit unterstellen.«[34]

Nach alldem bleibt es also äußerst fragwürdig, ob sich Tod, Trennungsschmerz und Trauer durch lebenslange Beschäftigung mit ihnen wirklich besser bewältigen lassen. Normalerweise verliert alles, selbst unser Wohlbehagen, durch Gewöhnung an Intensität. Zum Selbstverständlichen geworden, droht jedes Glück an sich selbst zu ermatten. Leidenschaftliche Gefühle flauen mit der Zeit ab. Was im Falle des Glücks bedauerlich ist, könnte aber für das Bewusstsein eigener Vergänglichkeit von Vorteil sein. Die bloße Gewöhnung an die Sterblichkeit könnte ihr den Stachel ziehen.

Doch das allem Leben zugrundeliegende Selbsterhaltungsstreben vereitelt, dass sich die meisten Menschen an ihre Endlichkeit gewöhnen.

Sowohl unser Selbsterhaltungsstreben als auch unsere Trennungsangst widersprechen der empfohlenen Selbstrelativierung durch buddhistische Askese, theistische Demut und naturalistische Bescheidenheit. Diese existenzielle Entzweiung in beherzte Selbstbehauptung und verständige Selbstpreisgabe kann nicht aufgehoben, sondern muss ausgehalten und ausgetragen werden. Im Bestfall findet man eine ausgeglichene Balance zwischen beiden Haltungen, die einander entgegengesetzt sind. Wer jedoch den gesuchten Mittelweg verfehlt, weil er seine Unerheblichkeit zu stark empfindet, wird kaum lebensfähig bleiben und seinen Alltag nicht mehr ernst nehmen können; wer dagegen ohne Abstriche hartnäckig auf seinem Dasein beharrt, wird vor lauter Todesangst nicht mehr froh werden.

Leider gibt es keine praktikable Regel, mit der sich ein Gleichgewicht zwischen entschlossener Lebensbejahung und einsichtigem Lebensverzicht erreichen lässt. Beim lebenslangen Versuch, beide miteinander in Einklang zu bringen, läuft zuletzt alles, so können wir nun festhalten, auf Improvisation, ein Arrangement oder einen Kompromiss hinaus. Diese können uns zwar nicht mit dem Tod versöhnen. Doch sind sie im besten Sinne des Wortes menschlich. Es wäre zu viel von uns verlangt, wenn wir mit dem Tod gänzlich fertig werden sollten. Stattdessen wäre es eher angemessen zu fragen, auf welche Weise wir mit dem Tod *nicht* fertigwerden können, ohne dabei an ihm zu zerbrechen. Die meisten Konflikte im Zusammenhang mit dem Tod bleiben unlösbar. Sie lassen sich bestenfalls in einer *Kultur der Ungenauigkeit* schlichten. So seltsam es klingt: Wirklich human wird das Leben im Angesicht seines Endes erst mit einer merkwürdigen Unschärfe, die Frei- und Spielräume eröffnet, in denen sich die traurige Brutalität des Todes auch vage, halbdunkel oder vernebelt zeigen darf.

Kultur der Ungenauigkeit

Fürsorgliche Lüge oder schonungslose Aufklärung?

Vorsorgeuntersuchungen, Patientenautonomie, Vorsorgevollmachten, Palliativstationen, Hospize, Pflegedienste, offene Diskussionen über die Berechtigung von Sterbehilfe: All dies steht für mehr Ehrlichkeit im Umgang mit dem Tod. Doch wieviel Wahrheit verträgt ein Mensch? Wieviel Wahrhaftigkeit kann der Einzelne verkraften? Für uns Menschen kann es durchaus ein unbekömmliches Übermaß an Realismus in diesem Sinne geben.

Die wenigsten verbringen ihr Leben in reiner Wahrhaftigkeit. Im Alltag verdrängen, verschweigen und verzerren wir viel. Schon die Höflichkeit zählt zu den leicht durchschaubaren Alltagslügen. Schopenhauer umschreibt Höflichkeit entsprechend als gesellschaftlich anerkannte Heuchelei, die es den Menschen ermöglicht, ihre charakterlichen, moralischen und geistigen Schwächen zu übersehen und diese nicht dauernd einander vorzuhalten. Einerseits prangert er gute Manieren als verlogenes Getue an, andererseits preist er anständiges Benehmen als unverzichtbar im Umgang der Menschen miteinander. Höflichkeit gleicht, so der Philosoph, einem Luftkissen, in dem zwar nichts enthalten ist, das aber die Stöße dämpft.[1]

Uneingeschränkt befürwortet Immanuel Kant höfliches Verhalten. Es sei zwar richtig, dass gutes Betragen die Menschen mit falscher Zuneigung, Anständigkeit und Achtung betrüge. Doch sei dies nicht schlimm, weil jeder um diesen Betrug wisse.

> Da lob' ich mir die Höflichkeit, das zierliche Betrügen;
> ich weiß Bescheid, du weißt Bescheid
> und beiden macht's Vergnügen

dichtet Wilhelm Busch.[2]

Noch vor kurzer Zeit war es gängige Praxis, Sterbende ohne Rücksicht hinters Licht zu führen. Eine schonende Täuschung galt als besser als die schmerzliche Wahrheit. Ärzte, Pflegekräfte und Angehörige hatten sich gegen den Tod verschworen, um dem Patienten bis zu seinem letzten Atemzug die bittere Wahrheit zu ersparen. Alle spielten Theater. Der Schwerkranke wurde nicht angemessen über seinen wahren Gesundheitszustand aufgeklärt. Es herrschte eine ärztliche Schweigepflicht besonderer Art. Familiäre Unaufrichtigkeit am Krankenbett aus Angst davor, den Sterbenskranken zu beunruhigen, war keine Seltenheit. »Es ist wahr, du bist krank, Felix. Es ist aber ebenso wahr: bei ordentlicher Pflege wirst du genesen«, heuchelt der Arzt in Schnitzlers Roman *Sterben*,[3] ähnlich in Solschenizyns *Rakowy Korpus* (dt. *Krebsstation*) oder Gottfried Benns *Gehirne*: »Es war in der Anstalt üblich, die Aussichtslosen unter Verschleierung dieses Tatbestandes in ihre Familien zu entlassen.«[4] Ein Arzt bemerkt in Knut Hamsuns *Das letzte Kapitel* zu einem Todkranken:

> Sie werden wieder gesund werden [...] Der Trost des Doktors war ihm sehr willkommen, er brauchte ihn und war den ganzen Tag besserer Stimmung. Das wäre ein Streich, wenn er das Schicksal betröge, ein prachtvoller Streich.[5]

In *Une mort très douce* (dt. *Ein sanfter Tod*) legt Simone de Beauvoir dar, wie sie selbst, ihre Schwester und die Ärzte ihre Mutter in dem Glauben ließen, sie sei an einer Bauchfellentzündung erkrankt und nicht an tödlichem Krebs. Die Mutter war bei vollem Bewusstsein und wusste doch nicht, was sie durchmachte, schreibt Beauvoir, und sie hielt ihr Vorgehen damals für richtig.

Inzwischen haben wir uns darauf verständigt, dass ein jeder unbedingt wissen soll, wie es um ihn steht. Man hat ein Recht, seinem Tod möglichst bewusst entgegenzugehen und die Zeitspanne nutzen zu können, die einem noch verbleibt. Wer einen anderen belügt, erschüttert nicht nur dessen Vertrauen, sondern missachtet auch dessen Recht, über die Situation aufgeklärt zu sein und sich entsprechend selbst zu bestimmen. Die überwiegende Mehrheit lehnt den Trost ab, den eine Lüge bieten würde.

Aber nicht jede Lüge ist Verrat. Ehrlichkeit kann gefühlsroh sein, und ein Geheimnis zu wahren kann von aufrichtiger Teilnahme und Einfühlung zeugen. Ist es wirklich so schlimm, wenn sich Ärzte und Angehörige zur Vernebelung hoffnungsloser Fakten verabreden, um dem Sterbenden auf Kosten der Wahrheit ein wenig innere Ruhe zu verschaffen? Wie schön war die Zeit, als es noch kein Internet gab, in dem sich Patient und Angehörige die schlimmen Perspektiven leicht durch eigene Recherche zusammenreimen können. Im medizinischen System von heute herrscht oft ein regelrechter Wahrheitsfanatismus.

Trotz des vorherrschenden Transparenzkults bleibt der menschliche Bedarf nach realistischer Einschätzung in Fragen des Todes begrenzt. Stärker als das Interesse an Wirklichkeit ist bei vielen das Verlangen nach Schutz, Sicherheit und Behaglichkeit. Die Kapazitäten zur Bewältigung der eigenen Sterblichkeit und des Todes unserer Nächsten sind oft beschränkt. Nur mittels ›Hilfskonstruktionen‹ können wir uns von unerbittlichen Tatsachen entlasten und sie auf Abstand bringen. Das Bedürfnis zu leben ist bei vielen größer als der Wunsch nach Wahrheit. Jurek Becker bietet in seinem Roman *Jakob der Lügner* zwei Schlussszenen an.[6] Das Ganze spielt in einem fiktiven polnischen Ghetto, in dem der jüdische Protagonist Jakob den Menschen Lebenswillen und Hoffnung schenkt, indem er Nachrichten über das Vorrücken der Roten Armee zur Befreiung des Ghettos erfindet. Diese will Jakob aus einem Radiogerät gehört haben, dessen Besitz er vortäuscht. Fortan drängen die Lagerinsassen Jakob dazu, regelmäßig und immer häufiger gute Nachrichten zu verbreiten, so stark ist ihr Verlangen nach Zuversicht.

Höher als die Wahrheit steht die Frage, ob und wie es sich mit ihr leben lässt. Die Falschheit einer Aussage widerlegt diese Aussage noch lange nicht. Sobald eine Wahrheit unerträglich wird, muss es erlaubt sein, sich auch mit einer Lüge erholen zu dürfen. Ist das Leben nicht mehr auszuhalten, sollte man sich vielleicht doch an Illusionen ausruhen dürfen. Jeder Mensch braucht gelegentlich Urlaub von der Wahrheit, um mit dem eigenen Leben besser fertigzuwerden (und das hat nichts mit Fake news oder alternativen

Fakten zu tun). Doch wie lassen sich Wahrheit und Lüge, ohne die wir nicht auszukommen scheinen, so miteinander verbinden, dass wir mit der Unerträglichkeit von Sterben und Tod im Krankenzimmer klarkommen?

Genau in solchen Situationen scheint eine Kultur der Ungenauigkeit angebracht zu sein, die uns Dinge zu übergehen lehrt, die wir erahnen. Eine solche Kultur entschärft die bitteren Härten des Lebens durch Geschichten, durch Hinzufügungen und Weglassungen. Derlei Verzerrungen sehen sich bloß mit einer Anforderung konfrontiert: Sie müssen übermäßiges Unbehagen vertreiben. So sollten wir bezüglich Sterben und Tod in existenzieller Beziehung nicht alles so genau nehmen, manches verdrängen, herunterspielen, vergessen, kurz: im Unklaren belassen dürfen. Maximale Klarheit ist nicht immer erstrebenswert. Es ist keineswegs ratsam, den Dingen dauernd auf den Grund zu gehen, gegenüber dem Sterbenden alles auszukundschaften und auszusprechen. Eine gewisse Leichtigkeit im Umgang mit den Widersprüchen des Lebens schadet selten. Mit der Wahrheit muss man es nicht immer ganz genau nehmen. Das Exakte darf hier dem Vagen weichen. Manchmal ist es besser, nicht alles so genau zu wissen. Eine solche Annäherung ans Ungenaue, die kein Plädoyer für Beliebigkeit ist, lassen wir uns im gewöhnlichen Alltag gerne gefallen. Ohne sie könnten wir gar nicht leben.

Selbstverständlich ist Ungenauigkeit im Operationssaal, bei der Medikation, am Stoppschild oder beim Brückenbau ein lebensgefährlicher Präzisionsgrad. Man darf sich nicht die Wirklichkeit den eigenen Bedürfnissen entsprechend zurechtbiegen. Dagegen kann eine gewisse Ungenauigkeit im Umgang mit dem Tod durchaus lebensförderlich sein.

Hier ist Ungenauigkeit im besten Sinne des Wortes human, weil sie ein gewisses Trostpotenzial enthält. Deshalb verdient sie ein nachsichtiges Urteil. Es ist zulässig, sich hässliche Wahrheiten schönzureden. Wenn die Tragödie beginnt, darf Komödie gespielt werden! Darum gilt auch für den Besucher im Patientenzimmer: Alles, was dem Kranken hilft und ihn stärkt, ist erlaubt. Alles andere sollte man für sich behalten oder sich für später aufsparen.

Die Falle der Patientenautonomie

In den beiden Sterberomen *Smert Iwana Illjitschanen* (dt. *Der Tod des Iwan Iljitsch*) von Leo Tolstoi und *Sterben* von Arthur Schnitzler werden zwei gegensätzliche Standpunkte entwickelt: Während sich der Todgeweihte bei Schnitzler überwiegend selbst etwas vormacht, täuscht bei Tolstoi in erster Linie das Umfeld dem Sterbenden etwas vor. »Wenn die Sonne wieder scheint, werde ich gesund. [...] Im Süden geschehen manchmal Wunder«,[7] belügt sich Felix auf einer Italienreise in Schnitzlers *Sterben*. Dessen Angehörigen und Freunde halten es kaum aus, wenn er so tut, als ginge es aufwärts. Dann fühlen sie sich zum Theaterspielen gezwungen. Dagegen besteht die Lüge bei Tolstoi in der ignoranten Haltung der Verwandten und Bekannten gegenüber Iwan:

> Das, was Iwan Iljitsch am meisten quälte, war die Lüge – jene aus irgendeinem Grunde von allen verbreitete Lüge, dass er nur krank sei und keineswegs auf den Tod daniederläge und dass er sich nur ruhig verhalten und sich ku-

rieren lassen müsse, damit etwas sehr Schönes dabei herauskomme.[8]

Nicht die Tatsache seines Sterbens, sondern die Lüge seiner Mitmenschen macht Iwan einsam. Im Gegensatz dazu überfordert Felix die Wahrheit seiner aussichtslosen Lage, weshalb er sich dauernd selbst betrügt. Selbstbetrug ist die Kunst, die Augen vor etwas zu verschließen, das man im Grunde weiß. Diese Fähigkeit zur wissentlichen Selbsttäuschung lernen wir bereits als Kinder, wenn wir mit unseren Teddys, Puppen und Figuren so spielen, als wären sie real. Wir behandeln sie, als ob sie wirklich so seien, wie sie uns erscheinen, obwohl wir letztlich doch wissen, dass Teddys und Puppen keine echten Lebewesen und unsere kleinen Modelle keine wirklichen Autos sind.

Tolstoi verurteilt in seinem Roman die Angehörigen dafür, dass sie Theater spielen. Doch so eindeutig ist die Sache nicht. Solange ein Fall noch nicht ganz hoffnungslos ist, darf der Glaube an ein Weiterleben aufrechterhalten werden. Doch selbst wenn der Patient Bescheid weiß, dass sein Fall aussichtslos ist, diese Wahrheit jedoch nicht an sich heranlassen möchte, sie herunterspielt und bagatellisiert, sollte gleichfalls niemand ihm Ermutigung und Zuspruch verweigern. Es zählt das, was dem Kranken hilft.

Allerdings sollte nichts versprochen werden, was offensichtlich unhaltbar ist: »Du bist in Sicherheit. Du wirst bald wieder gesund.« Auch Durchhalteparolen wie »Das Leben geht weiter! Das schaffst du schon! Lass dich nicht unterkriegen! Kopf hoch!« sind manchmal fehl am Platz, ein offenes Ohr, freundliches Geplapper und ernstes Geplauder dagegen eher nicht. Obgleich es alle Schauspieler auf Dauer zermürben wird, eine solche Komödie durchzuhalten, sollte dem Patienten gestattet werden, diese Auszeit von der Wirklichkeit zu nehmen, weil sie ihm für ein paar Momente die Todesangst aus dem Kopf verscheucht.

Es existiert eine breite Grauzone, die ebenso Platz für überzogene Ängste wie für übertriebene Hoffnungen lässt. Ungenaue Angaben und vage Auskünfte über die neuesten Untersuchungsergebnisse lassen Schwerkranke womöglich ruhiger schlafen. Aus diesem Grunde möchten sie diese Angaben bisweilen nicht näher erläutert bekommen. Es ist oft frustrierend, immer wieder mit einer Realität konfrontiert zu werden, die sich ohnehin nicht ändern lässt. Oftmals verstehen Patienten gar nicht bis ins letzte Detail, was die Daten alles bedeuten. Falls nicht nach ihnen nachgefragt wird, müssen sie auch nicht erklärt werden. Nur nicht zu weit vorausdenken!

Im Unterschied zu Tolstoi problematisiert Schnitzler in seinem Roman die Selbsttäuschung des Schwerkranken angesichts seines herannahenden Todes nachdrücklicher. Auch an dieser Stelle muss nicht auf radikale Ehrlichkeit bestanden werden. Wenn ein Patient den Todeskampf als lästige Begleiterscheinung seiner Genesung missversteht, dann ist das nicht so schlimm. Nur sehr wenige wollen so behandelt werden, als ob sie gleich sterben würden. Bleibt der Schwerkranke davon überzeugt, dass das Ende weiterhin abgewendet werden kann, dann ist seine Zuversicht zu respektieren, weil es sich um *seinen* Tod handelt. Rilke merkt an:

O Herr, gibt jedem seinen eignen Tod.
Das Sterben, das aus jenem Leben geht,
darin er Liebe hatte, Sinne und Not.[9]

Der Kranke hat ein Recht auf Diskretion, ein Recht, das allen anderen gebietet, auch dann noch zu schweigen, selbst wenn sie den Tod schon nahen sehen. Niemand ist dazu verpflichtet, den eigenen Tod offen zu thematisieren.

Immer wieder klammern sich Schwerkranke an die wenigen Ausnahmefälle, bei denen die Krankheit noch überwunden werden konnte. Da man im Leben schon häufig Glück hatte, möchte man glauben, dass auch dieses Mal die Chance groß ist, selbst zu einem solchen Ausnahmefall zu werden. Die Kulturphilosophin Susan Sontag kämpfte bis zum letzten Atemzug um ihr Leben. Zwei Mal hatte sie schon den Krebs besiegt, Brustkrebs in den 1970er und ein Gebärmuttersarkom in den 1990er Jahren. Im Jahre 2004 starb sie an einer tödlichen Form von Leukämie. Wie ihr Sohn David Rieff in einem Bericht darlegt, weigerte sie sich bis zuletzt, die eigene Sterblichkeit zu akzeptieren. Trotz großer Schmerzen konnte sie sich nicht eingestehen, dass sie bald sterben würde. Das Thema Tod sprach sie nie, unter keinen Umständen an, so Rieff. Die Möglichkeit zu sterben zog sie erst in dem Augenblick ernsthaft in Betracht, als sie sich anschickte, wirklich zu sterben. Ihr Lebenswille war stärker als ihr Wille zur Wahrheit.

Sie wollte, dass wir ihr Auftrieb gaben, dass wir ihr das Mantra der Zuversicht immer wieder vorsprachen: Du wirst leben, die Transplantation wird ein Erfolg, es ist nicht hoffnungslos.[10]

Selbst als sie nur noch aus Angst und Schmerz bestand, glaubte sie fest daran, doch noch eine Lebenschance zu besitzen. Es ist nicht immer möglich, das Leben so zu nehmen, wie es ist.

Wie es einerseits nicht ganz ohne Verstellung, Täuschung und Betrug geht, darf andererseits die Wahrheit auch nicht einfach und immer verdrängt, verleugnet und vergessen werden. Die Achtung der Autonomie des Patienten gebietet die informierte Zustimmung des Kranken zu medizinischen Maßnahmen. Jede Behandlung bedarf seiner Einwilligung und darf nur nach erfolgter Aufklärung durchgeführt werden. Dieses Konzept schließt jede Vorenthaltung der Wahrheit aus. Aber manchmal verlangen Patienten nur nach etwas, das wie Wahrheit aussieht. In diesem Falle sollte man sie mit Einzelheiten verschonen und lieber sagen: »Lass uns schauen, wie alles wird.« Statt nur über Diagnose, Prognose und Therapie zu sprechen, darf sich auch nach dem persönlichen Befinden des Patienten erkundigt und Mitgefühl bekundet werden. Was dem Kranken hilft, ist gut!

Doch wie einfühlsam eine schlimme Botschaft auch immer übermittelt wird: Es droht oft, dass der Betroffene in eine Art Schockstarre oder in Panik verfällt, selbst dann, wenn er seine Diagnose nur ungenau versteht. Unter Umständen besteht nicht einmal Hoffnung auf einen leichten Tod. In diesem Falle sollte sich der Arzt erst recht nicht auf seine fachlichen Kompetenzen zurückziehen. Statt dem Kranken zu sagen, dass er Weihnachten nicht mehr erleben wird, sollte ihm vielmehr empfohlen werden, Sommer und Herbst zu genießen: Die Vagheit zeigt sich als humane Geste. Das Wort ›Tod‹ darf vermieden werden, selbst wenn es offensichtlich nicht mehr um Heilung, sondern nur noch um ein Stück Lebensqualität geht, ein wenig schmerzfreie Ruhe und sanftes Wohlbehagen. Niemals sollte ein Patient mit der ganzen Wahrheit brutal überfallen werden, selbst wenn er über sein Schicksal nicht völlig im Dunkeln gelassen werden möchte.

Der Roman *Jakob der Lügner* weist wie gesagt ein doppeltes Ende auf: In der einen Schlussszene kommt die Rote Armee tatsächlich, um die Ghettobewohner zu befreien; im anderen Falle werden die Insassen in Eisenbahnwaggons in ein Konzentrationslager gebracht. Waren nun Jakobs Lügen verwerflich, weil eine Befreiung des Lagers nicht zu erwarten stand? Oder wog die Hoffnung auf Befreiung, der sich die Lagerinsassen hingeben mochten, weil sie überleben wollten, die Tatsache auf, dass Jakobs Lügen eigentlich verwerflich sind, obgleich sie der Wirklichkeit nicht standhielten?

Geschichten müssen nicht immer wahr sein. Sie dürfen aber beruhigen. »Wozu sich betrügen?«, fragt sich Tolstois Iwan Iljitsch.[11] Die Antwort ist denkbar einfach: Da er noch keine Lust auf den Tod hat!

Aufschub und Verdrängung

Im alltäglichen Leben nehmen selbst gesunde Menschen es mit der Wahrheit oft nicht so genau. Vieles bleibt verschwommen und undeutlich. Aber wenn es ans Sterben geht, dann soll jeder der ungeschminkten Wahrheit die Ehre geben? Dabei drücken sich auch sonst die meisten doch gerne darum, ihre Vergänglichkeit anzuerkennen. Niemand möchte dauernd in Alarmbereitschaft versetzt werden, sondern sich hin und wieder in (selbst wenn auch falscher) Sicherheit wiegen dürfen. Gesunde sollten Kranken erlauben, was sie für sich selbst beanspruchen, nämlich eine gewisse Ungenauigkeit im Umgang mit dem Tod. Niemand kann ständig die nackte Wahrheit ertragen.

Die Ungenauigkeit, die am verbreitetsten ist, heißt Verdrängung. Obwohl jeder weiß, dass sie oder er unausweichlich sterben wird, schenkt man dem Tod auch im persönlichen Nahbereich nur wenig Aufmerksamkeit. Die Mehrheit lebt bis ins hohe Alter so, als ob ihr Dasein unaufhörlich weiterginge. Verschiedene Interpretationen des Todes referierend, fasst Sigmund Freud die psychoanalytische Auffassung in dieser Frage so zusammen: »Im Grunde glaube niemand an seinen eigenen Tod, oder, was dasselbe ist: Im Unbewussten sei jeder von uns von seiner Unsterblichkeit überzeugt.«[12] Selbst derjenige, der wenigstens ab und zu an das eigene Ende denken sollte, lässt diese bittere Wahrheit oft nicht gerne an sich heran. Der Tod ist für viele ein Missgeschick, das erst einmal und vor allem den anderen zustößt, die so oder so früher dran sind als man selbst. Gestorben wird erst in unbestimmter Zukunft. Solches wollen wir auch von den Menschen glauben dürfen, die uns nahestehen und mit denen wir zusammenleben, ›bis dass der Tod uns scheidet.‹

Darum sind viele überrascht, wenn es plötzlich absehbar wird, dass sie bald sterben werden, denn ernsthaft damit gerechnet hatten die wenigsten. Der Tod ist nun »eine Unmöglichkeit, die plötzlich zur Wirklichkeit«[13] geworden ist, wie es Goethe in einem Gespräch mit Eckermann (15. 2. 1830) ausdrückt. Es ist die Ungewissheit der Todesstunde, die uns in der Illusion irdischer Unsterblichkeit wiegt. Denn sich einzugestehen, dass das Leben in einigen Jahren oder gar Jahrzehnten vermutlich ein Ende finden wird, bedeutet doch so viel wie: Es endet nie! Die Ungewissheit, wie das eigene Sterbedatum lautet, bringt die Täuschung hervor, unbegrenzt Zukunft zu haben. Solange das Datum des letzten Tages in der Schwebe bleibt, unterscheiden wir Sterblichen uns kaum von unsterblichen Wesen. Denn es gibt keinen guten Grund, warum man heute glauben sollte, dass man selbst oder seine Nächsten ausgerechnet in der Zukunft an diesem bestimmten Tag sterben werden. Es fehlt die Information, wo, wann und wie man selbst oder der geliebte Partner sterben wird. Niemand kennt seine Todesstunde und das Los genau, das ihn am Ende erwartet. Irgendwann zu sterben heißt: niemals zu sterben.

Doch holt die Realität die Todesverdrängung früher oder später ein. Der Ungewissheit des exakten Todeszeitpunktes steht die Gewissheit unseres Endes gegenüber. Der Tod ist also gleichermaßen unvorhersehbar wie auch voraussehbar. Mag die letzte Stunde nicht feststehen, der Tod kommt mit absoluter Sicherheit, und sein zuverlässigster Vorbote ist das Altern. »Einmal muss es Abend werden«, soll der betagte Jakob Burckhardt wiederholt gesagt haben.

Dennoch ist es manchmal klug, Unangenehmes weit von sich zu halten. Dessen ständige Präsenz kann das Leben lähmen. Ist es deshalb vielleicht doch möglicherweise ratsam, den Tod eher im Ungefähren zu lassen? Jedenfalls ist es nicht von vorherein verwerflich, den Tod von sich wegzuschieben, ihn zu verdrängen. Es ist nicht immer weise, die Dinge bis ins Letzte ergründen zu wollen. Wer sich dauernd mit dem Tod befasst, beschwert vielleicht nur unnötigerweise sein Leben, und das wiederholte Grübeln über das eigene Ende verstärkt unter Umständen die Todesangst.

So seltsam es klingt: Eine gewisse Verdrängung des Todes ist für das Leben sogar unverzichtbar. »Da die Menschen nicht Tod, Elend und Unwissenheit heilen konnten, sind sie, um sich glücklich zu machen, auf den Einfall gekommen, nicht daran zu denken«, notiert Blaise Pascal.[14] In unserer Geisteskultur wird dieses Ausweichen vor dem Tod meist kritisch bewertet. Von Blaise Pascal bis Rainer Maria Rilke kann man immer wieder lesen, dass Menschen kurzweilige Unterhaltung suchen, um nicht ans eigene Ende denken zu müssen. Ihre Endlichkeit veranlasst sie unbewusst dazu, sich mit bunten Zerstreuungen abzulenken. So verstanden verursacht der Tod selbst seine Verdrängung. Doch statt die Fähigkeit zur Verdrängung zu kritisieren, sollten wir diese hier als eine Möglichkeit zulassen und würdigen, um die eigene Sterblichkeit besser aushalten zu können.

Selbst dort, wo das Ende schon in Sichtweite gerät, so dass sich der Tod nicht mehr ohne weiteres verdrängen lässt, schon weil man inzwischen älter geworden ist, hoffen die meisten auf unbestimmten Aufschub. Sie fliehen vor der Realität des Todes ins Ungefähre. Sören Kierkegaard betont: »Es ist da im Leben ein Trost, ein falscher Schmeichler, es ist da im Leben ein Schutz, ein heuchlerischer Betrüger, er heißt: Aufschub.«[15]

Nachkommen und Nachruhm

Viele empfinden es als tröstlich, in den eigenen Nachkommen weiterzuleben. Mit der Fortpflanzung werden die eigenen Gene an die Nachkommen weitergegeben. Doch die wenigsten denken bei diesem Trost an Gene. Sie haben eine diffus emotionale Vorstellung vom eigenen Fortleben in ihren Kindern, und das Faktum als solches fühlt sich für viele gut an. Sie empfinden die Tatsache, dass ihre Individualität in ihren Nachkommen aufgehoben ist, als tröstlich, auch wenn sie selbst dann längst nicht mehr auf der Erde weilen werden.

Diese tröstliche Idee bleibt jedoch ihrerseits extrem ungenau. Denn streng genommen existieren tatsächlich nur die Gene in den Nachkommen fort und schlagen schon nach wenigen Generationen kaum noch zu Buche. Das genetische Weiterleben in den Kindern kann also den eigenen Tod gar nicht kompensieren. Vererbte Gene sind kein wirklicher Trost, wenn mit der Individualität zugleich der Intellekt, das Selbstbewusstsein, alle Gedanken und Erinnerungen verloren gehen. Dann existiert man einfach nicht mehr. Doch ganz so genau möchte man auch dies vielleicht gar nicht wissen.

Ähnlich verhält es sich mit dem Nachruhm. Einzelne, wenige Menschen erobern immer wieder einen Platz im kollektiven Gedächtnis der Nachwelt. Mozart erreicht seine ›Unsterblichkeit‹ durch grandiose Musik, Goethe durch großartige Dichtkunst, Kant durch philosophische Meisterwerke, Einstein durch geniale theoretische Physik, Leonardo da Vinci durch faszinierende Gemälde und Erfindungen. Grausame Massaker setzen Diktatoren wie Hitler, Stalin und Pol Pot ein ebenso hässliches wie unvergessliches Denkmal.

Allerdings erstreben selbst Normalsterbliche zuweilen unsterblichen Ruhm. Sie möchten von der Nachwelt erinnert werden. Nicht wenige beschäftigt die Frage, was sie wohl hinterlassen werden und wie ihr Leben später gewürdigt werden wird. So preist der nach über zwei Jahrtausenden immer noch präsente römische Dichter Horaz in den *Carmina* seine Poesie als unsterblich:

> Errichtet habe ich ein Monument, das Erz überdauert,
> das den majestätischen Bau der Pyramiden überragt,
> welches nicht der nagende Regen noch der Nordwind
> zügellos
> vermag zu zerstören oder unzählbar
> der Jahre Folge und der Zeiten Flucht.
> Nicht gänzlich werde ich vergehen[16].

Erfolgreiche Bürger hinterlassen ein Eigenheim, eine Firma oder eine Stiftung. Sie glauben, auf diese Weise nicht ganz gestorben zu sein, wenn sie einmal tot sind. Doch ist auch dieser Gedanke ungenau und vielleicht gerade aus diesem Grund für die Betroffenen tröstlich.

Noch der höchste Ruhm und die größte Hinterlassenschaft vergehen im Laufe der Zeit. Herostratos, ein ionischer Hirte, steckte im Jahre 365 v. Chr. den Tempel der Artemis auf Ephesos in Brand, um seinen Namen unsterblich zu machen. Früher hieß es: Bei einem Helden verschmelzen der Wille zum Ruhm und zum Tode miteinander. Denn erst Heldenehre sichert ewiges Gedenken. Wie aber jeder Held trotz Lorbeerkranz über kurz oder lang zu Staub zerfällt, verblasst mit der Zeit auch der Glanz jeglichen Nachruhms. Hinzu kommt, dass es eines Tages gar keine Nachwelt mehr geben wird, in welcher der ersehnte Nachruhm noch gepflegt werden könnte, wenn die Erde untergeht. Die Kette der Erinnerung wird irgendwann abbrechen, es erlischt für immer, was einst als wichtig galt.

Doch selbst dann, wenn das Andenken ewig währen würde: Was hätte man davon, wenn man nicht mehr da ist? Wozu Nachruhm, den man nicht mehr genießen kann? Warum überhaupt Jahrhunderte und Jahrtausende im Gedächtnis der Menschheit bleiben wollen? Der Verstorbene bleibt doch auch dann tot, wenn man seiner gedenkt. Eigentlich ist es unsinnig zu sagen, ein Mensch sei erst dann wirklich tot, wenn niemand mehr sich an ihn erinnert. Allerdings will man das wieder einmal lieber nicht so genau wissen.

Stattdessen lässt man sich tröstliche Redewendungen gefallen: Man werde den Verstorbenen in liebevoller und dankbarer Erinnerung behalten, ihm stets ein ehrendes Andenken bewahren. Nur ganz so genau nimmt man es selbst mit solch simplen Versprechen nicht, verblasst doch schon nach kurzer Zeit die Trauer über den Tod eines Menschen und die Erinnerung an ihn und sein Leben.

Natürlicher Tod

Nach Meinung zahlreicher Zeitgenossen versöhnt der natürliche Tod den Menschen mit seiner Vergänglichkeit. Nimmt man es auch mit diesem Gedanken nicht so genau, dann kann er auf alle, die mitten im Leben stehen, beruhigend wirken. Dagegen hilft er Sterbenden nur wenig.

Unter einem natürlichen Tod verstehen wir dreierlei:

1. Der natürliche Tod ist Teil des Lebens: Sterblichkeit ist eine Eigenschaft aller Organismen, die auf Fortpflanzung angelegt sind. Wenn man den Tod als zum Leben dazugehörig versteht, so eine populäre Meinung, dann kann man leichter seinen Frieden mit ihm schließen. Dagegen bleibt er ein Schrecken für alle, die ihn vom Leben abtrennen. So betont in Manns *Zauberberg* der aufklärerische Settembrini, dass der Tod erst für denjenigen zum Gespenst, ja zur Fratze wird, der ihn nicht als Teil des Lebens anerkennt.[17]
   Das hört sich gut an und verfehlt seine Wirkung nicht. Allerdings funktioniert diese Idee nur solange, wie sie allgemein gehalten und ungenau bleibt. Denn der Tod mag biologisch betrachtet noch so natürlich sein, existenziell gesehen bleibt er eine Katastrophe ersten Ranges, vor allem, solange man noch eine gewisse Vitalität verspürt.
2. Ein natürlicher Tod bedeutet für zahlreiche Zeitgenossen, ohne Apparatemedizin und Krankenhaus im Kreis ihrer Nächsten sterben zu dürfen. So verstanden stirbt die Mehrzahl der Menschen einen unnatürlichen Tod. Doch hoffen viele, zu den Privilegierten zu zählen, denen ein solcher Abgang möglich ist.
3. Der Begriff ›natürlicher Tod‹ meint so viel wie naturbedingte Erschöpfung, das ruhige, sanfte Einschlafen aus Altersschwäche. Entsprechend gilt der Tod einer 90jährigen als ›natürlicher‹ als der Tod eines 20jährigen. Beim in diesem Sinne naturgemäßen Verscheiden ist ein alter Greis vom Leben eher als ein junger Mensch so gesättigt, dass er seine Endlichkeit nicht mehr länger als Feind,

sondern als Freund begrüßen kann. Der Tod schließt sein vollendetes Dasein ab, in dem zuvor schon die Bindung an die Welt allmählich nachließ.

Trotz moderner Medizin und steigender Lebenserwartung dankt aber nur eine Minderheit aus Altersschwäche ab. Ohne Medizin sterben hierzulande sowieso die wenigsten. Niemand stirbt einfach so. Es ist zwar richtig, dass man sterben muss, weil man lebt oder gelebt hat, doch man stirbt nicht am Leben oder am Alter, sondern an etwas ganz Bestimmtem – an den Folgen eines Unfalls, einer Infektion, einem Herzinfarkt, an Schlaganfall, Organversagen, Krebs. Es sind vor allem schwere Krankheiten, die uns vor Augen führen, wie sehr der Tod ein Unglück ist. Leider schätzen wir unsere Gesundheit oft erst, nachdem wir sie verloren haben. Warum ist das so? Die Antwort ist denkbar einfach: Da man das Selbstverständliche nicht spürt!

Nur die wenigsten scheiden mitten im Leben wie wohlig gesättigte Gäste von der Lebenstafel. Doch genauer betrachtet gibt es so etwas wie Sättigung vom Leben auch gar nicht. Wer noch vital ist, ist nicht lebenssatt, sondern bleibt lebenshungrig. Wer nicht mehr vital ist, der ist oft bald einfach nur noch müde. Viele sind am Ende so ausgelaugt und verbraucht, dass sie nichts mehr hören oder sehen wollen und am liebsten sterben möchten – gemäß Bachs Kantate *Ich habe genug*, in welcher der Tod als ewiger Schlaf nach der mühevollen Lebensreise herbeigesehnt wird: Simeon, so wurde ihm geweissagt, würde erst dann sterben, wenn er den neuen Christus gesehen hat, und am Ende dauert es ihm zu lange, sehnt er, inzwischen steinalt geworden, seinen Tod herbei. Am Ende sieht er Jesus und kann sich vor

Freude und Glück nicht fassen. Der dritte Satz der Kantate, »Ich freue mich auf meinen Tod«, ist zwar in Moll gehalten, aber eine der swingendsten, spielerischsten, ansteckendsten und für den Sänger virtuosesten Musiken, die Bach je komponiert hat.

Weit davon entfernt, ihr Schicksal in fröhlicher Erwartung oder mit mutiger Ergebung und heiterer Gelassenheit anzunehmen, verharren viele Menschen jedoch am Ende in bloßem Dämmerzustand. Zwar wird auch von ihnen der Tod nicht mehr als unwillkommener Störenfried empfunden, doch hoffnungsfroh oder gar lebenssatt scheiden sie nicht aus der Welt. Trotzdem haftet der ungenauen Vorstellung, lebenssatt aus dem Dasein treten zu können, etwas Tröstliches an. Die Aussicht hierauf beruhigt, und darum bleibt auch diese Ungenauigkeit zulässig.

Naturfrömmigkeit

Der Glaube an Gott und Unsterblichkeit hat es immer schwerer. Kirchliche Lehren verlieren massiv an lebensprägender Kraft. Wo aber der Glaube an die persönliche Unsterblichkeit schwindet, dort machen sich in der säkularen Kultur immer öfter naturreligiöse Vorstellungen breit. Wenn das Individuum stirbt, dann verschwindet es nicht gänzlich, heißt es, sondern kehrt in die All-Natur zurück. Wie man als Teil des Ganzen ins Dasein tritt, so nimmt einen Mutter Natur wieder in sich auf, aus der man einst hervorging. Der Tod bedeutet nicht das völlige Ende des Lebens. Nicht der Tod verschlingt das Leben, sondern umgekehrt das Leben den Tod. Denn die Toten existierten als

Teil der alles durchdringenden Natur weiter. Die Natur bringt ja ständig neue Gestalten hervor, die sie anschließend wieder auflöst.

Das Leben sei »die schönste Erfindung der Natur«, schreibt Goethe, und »der Tod ist ihr Kunstgriff viel Leben zu haben.«[18] Nach Schopenhauer kann der Mensch getröstet werden »über seinen und seiner Freunde Tod [...] durch den Rückblick auf das unsterbliche Leben der Natur.«[19] Denn wir kehren ja nicht ins Nichts zurück, sondern in den Lebensstrom. Wir teilen uns in die Kräfte und Elemente der Natur auf – so auch Theodor Storm:

Wie wenn das Leben wär nichts andres,
Als das Verbrennen eines Lichts!
Verloren geht kein einzig Teilchen,
Jedoch wir selber gehen ins Nichts!

Denn was wir Leib und Seele nennen,
So fest in eins gestaltet kaum,
Er löst sich auf in Tausendteilchen
Und wimmelt durch den öden Raum.

Es waltet stets dasselbe Leben,
Natur geht ihren ew'gen Lauf;
In tausend neu erschaffenen Wesen
Stehn diese tausend Teilchen auf.

Das Wesen aber ist verloren,
Das nur durch ihren Bund bestand,
Wenn nicht der Zufall die verstäubten
Aufs Neu zu einem Sein verband.[20]

Der Kreislauf des Werdens und Vergehens lässt sich mit Franz Moor in Schillers *Die Räuber* zwar auch als hässlich beschreiben, als ob der Mensch »aus Morast entsteht, eine Weile in Morast watet, Morast macht und wieder in Morast zusammengärt.«[21]

Meist wird die Rückkehr des Menschen in die Natur aber mit freundlicheren Worten umschrieben. So ist im Zusammenhang mit unserer Wiedereingliederung in die Natur oft die Rede von friedlicher Stille, Geborgenheit und Heimat. Der Einzelne verkraftet seine Endlichkeit ja nur deshalb so schwer, so die Naturfreunde, weil er seine Teilhabe an der Natur nicht richtig versteht. Würde man schon zu Lebzeiten in den Rhythmus der All-Natur einschwingen und seine Individualität ihr unterordnen, wäre die Todesangst bereits größtenteils besiegt. Wer die Fülle des lebendigen Ganzen durchschaut und mit ihm verschmilzt, der wird die Aufhebung seiner Individualität in der allumfassenden Natur nicht mehr fürchten, meint auch Ernst Jandl in seinem launigen *sommerlied*:

> wir sind die menschen auf den wiesen
> bald sind wir menschen unter den wiesen
> und werden wiesen und werden wald
> das wird ein heiterer landaufenthalt[22]

Die Plausibilität anheimelnder Naturvorstellungen lebt wie so vieles andere von deren Ungenauigkeit und unserem Wunsch, dass unsere Vorstellungen der Realität entsprechen mögen. Abgesehen davon, dass sich diese Ideen nur schwer mit den modernen Naturwissenschaften vereinbaren lassen, sind sie bei näherer Betrachtung auch gar nicht so erbaulich und tröstlich, wie es den Anschein hat. Denn wenn man auch in die Natur zurückkehrt, so erlischt doch bei dieser Rückkehr gleichzeitig das Bewusstsein. Die individuelle Person geht verloren, mag auch der Mensch unpersönlich im All-Leben weiterexistieren. Doch begnügen sich die Anhänger solcher Sichtweisen mit wohltuenden Naturanschauungen, weil sie ihnen guttun und den Schrecken vor dem Tod vertreiben und nehmen dafür die Ungenauigkeit ihrer Überzeugungen gerne in Kauf.

Religiöse Hoffnung

Für die Hoffnung auf Auferstehung und Unsterblichkeit der etablierten Religionen ist gleichfalls eine gewisse Ungenauigkeit charakteristisch. Zwar ist für die Religionen der Tod nicht das Ende aller Dinge. Dennoch nehmen sie die menschliche Sterblichkeit ernst. Diese Formen kollektiver Zuversicht auf das ewige Leben dramatisieren und bagatellisieren den Tod zugleich. Das Ende wird als Verwandlung oder Metamorphose gedeutet. Doch bleibt alles im Vagen. Es fehlt jede natürliche Evidenz. Allerdings weist die Aussicht auf das ewige Leben ein hohes Trostpotenzial auf, und darum stört es nicht weiter, dass der Tote weder eine Adresse hinterlässt noch seinen Angehörigen Nachrichten schickt.

> Eine Straße muss ich gehen,
> die noch keiner ging zurück.

heißt es in der von Franz Schubert vertonten *Winterreise*.[23]

Schon häufig wurde die Wunschvorstellung von der Unsterblichkeit, deren Erfüllung die Natur dem Menschen versagt, als falscher Trost, Fiktion und Illusion entwertet, und man muss sich wundern über die Kraft menschlicher Zuversicht: Der Gläubige blickt in ein Grab und bleibt allem Augenscheinlichen zum Trotz vom Weiterleben des Toten überzeugt. Dabei stünde eine trostlose Klage zu erwarten. Hier sei lediglich der lebenspraktische Nutzen religiöser Heilsversprechen hervorgehoben, deren Überzeugungskraft auch wieder von großer Ungenauigkeit abhängt.

Judentum, Christentum und Islam schrieben früher die Erdbestattung vor. Erst seit 1963 ist die Leichenverbrennung von katholischer Seite erlaubt; die evangelische Kirche verwarf die Feuerbestattung bis 1920. Seit 1990 ist die Anzahl von Kremationen sprunghaft gestiegen. Mittlerweile werden knapp achtzig Prozent der toten Deutschen eingeäschert.

Juden, Muslime und Orthodoxe lehnen die Feuerbestattung dagegen bis heute ab. Dafür lassen sich mehrere Gründe anführen: Die Beisetzung eines unversehrten Körpers gilt als Voraussetzung dafür, dass man später auferstehen und ewig weiterleben kann. Ein zerstückelter oder eingeäscherter Körper scheint mit diesem Gedanken unvereinbar zu sein. Außerdem soll der Körper so bestattet werden, wie er auf diese Welt bzw. aus der Hand des Schöpfers kam, denn dem Menschen stehe es nicht zu, über seinen Körper frei zu verfügen.

Unabhängig von der Frage, ob denn die Auferstehung des Leibes, gleichfalls ein ungenauer Begriff, überhaupt stattfinden wird, sind alle Argumente gegen Kremierung wenig überzeugend, weil sich der tote Körper sowieso über kurz oder lang doch auflösen wird. Doch das wollen nur die wenigsten wahrhaben. An dieser Stelle wird die Ungenauigkeit auf Äußerste getrieben, um an der beschwichtigenden Vorstellung des unversehrten Toten festhalten zu können.

Religiosität ohne Dogma

Muss es aber immer eine Religionsgemeinschaft sein? Viele Zeitgenossen sind auf unbestimmte Weise gläubig. Religiöse Vorstellungen existieren auch außerhalb kirchlicher Kreise. Kirchenferner Seelenglaube ist keineswegs eine Seltenheit. Viele bauen sich ein diffuses Patchwork aus christlichen, buddhistischen und esoterischen Bildern zusammen und überreden sich zu einer Zuversicht, in der trotz aller Distanz gegenüber den etablierten Religionen von letzter Reise und glücklichem Fortleben in ewigem Licht die Rede ist. Oft tritt ein privater Seelenglaube aus asiatischen, archaischen und christlichen Versatzstücken an die Stelle eines fromm christlichen Gottvertrauens. Alte und neue Todesdeutungen stehen in der modernen Gesellschaft unverbunden nebeneinander.

Obgleich viele Menschen für sich nicht mehr auf ein ewiges Leben hoffen, wie es die großen Religionen verheißen, reden sie dennoch so, als ob es dies alles weiterhin gibt. Dabei sind die Zeremonien und Redensarten oft sehr unbestimmt: »Wenn mir mal etwas passiert oder zustößt, wenn ich mal nicht mehr bin, dann soll so und so verfahren werden.« Abergläubisch wie man selbst in aufgeklärten Zeiten ist, mag man das Wort Tod nicht in den Mund nehmen, als ob man ihn hierdurch herbeirufen könnte. Sterbende sagen gelegentlich, sie gehen weg oder nach Hause. Sie kehren dorthin zurück, woher sie einstmals kamen. Beim Betrachten des gestirnten Himmels weisen viele vage darauf hin, dass sie wohl bald dort oben sein werden. Es ist von langer Reise die Rede. Nicht selten haben sie den Eindruck, dass bereits das Unendliche in ihnen erklinge. Im Grunde genommen gebe es den Tod nicht, sondern nur einen Übergang in angstfreie Räume, wo friedliche Ruhe herrsche. Die Trauernden wiederum schicken gelegentlich am Grab bunte Luftballons mit Grußbotschaften nach oben und trösten sich mit der schönen Vorstellung, dass der Verstorbene jetzt von einem fernen Stern zu ihnen herunterblinzelt.

Mithin sind selbst Ungläubige häufig davon überzeugt, dass es noch etwas nach dem Tod gibt. Sie freuen sich darauf, dort oben ihnen nahestehenden Menschen wieder zu begegnen.

Vielen Menschen genügen solche ungenauen Formulierungen bereits, um sich mit dem Tod zu arrangieren. Mag die Idee des ewigen Lebens nachgerade verblassen, die Sehnsucht danach lässt sich offenbar nicht ausrotten, wie schon die todkranke Effi Briest in Fontanes gleichnamigem Roman vage andeutet:

> ob wir doch vielleicht von da oben stammen und, wenn es hier vorbei ist, in unsere himmlische Heimat zurückkehren, zu den Sternen oben oder noch drüber hinaus! Ich weiß es nicht, ich will es auch nicht wissen, ich habe nur die Sehnsucht.[24]

Ohne Sorge

Wenn religiöse Tröstungen versagen, dann gibt es neben den genannten Trostmitteln, die empfohlene Grundhaltung eingeschlossen, noch einen speziellen Trost, der jedoch auch nur dann wirken kann, solange er im Ungefähren bleibt.

Unser auf Selbsterhaltung und Sinnsuche ausgerichtetes Menschenleben fasst Martin Heidegger in dem Wort ›Sorge‹ zusammen. Die ›Sorge‹ als alltägliches Phänomen machte Jürgen von der Lippe mit dem Schlager »Guten Morgen liebe Sorgen, seid ihr auch schon alle da« volkstümlich.

Da jeder genug Sorgen hat, ist die Sehnsucht groß, auch mal ohne Sorge sein zu dürfen. Schon der römische Philosoph Cicero verstand das Leben als einen Weg, »nach dessen Vollendung es keine Sorge und keinen Kummer mehr geben wird.«[25]

Nun haftet dem Gedanken etwas Tröstliches an, dass mit dem Tod unsere Schmerzen und Sorgen verschwinden. In der Vorstellung ewiger Ruhe liegt ein kleiner Trost, selbst wenn wir dann schon unwiderruflich aus der Welt ausgeschlossen sein werden. Der Gedanke an Sorglosigkeit besänftigt. Allerdings bleibt auch dieser sympathische Trost ungenau. Denn eigentlich ist ja niemand mehr da, der noch in einen solchen Zustand geraten könnte. Der Tote hat sich aufgelöst, sich verflüchtigt. Wie uns die Geburt zu uns selbst und zur Welt öffnet, so schließt sich diese Öffnung wieder im Augenblick des Todes, in dem wir unwiederbringlich aus dem Leben scheiden. Der Hingang eines Toten setzt einen Schlusspunkt. Doch will man wahrscheinlich erneut nicht soweit denken, wenn man sich mit der vagen Vorstellung der Sorglosigkeit angefreundet hat.

Gewohnheiten halten das Leben zusammen, vor allem dann, wenn es auseinander zu fallen droht. Routinen und Rituale sind unser zeitliches Zuhause. Sie strukturieren und stabilisieren unsere Tagesabläufe und schenken uns auf diese Weise Geborgenheit. Sie ordnen also das Alltagsleben zeitlich. Wir Menschen brauchen nicht nur eine räumliche, sondern gleichfalls eine zeitliche Wohnstätte. Darum sollten Alltagsrhythmen in Grenzsituationen beibehalten werden.

Doch können die gewohnten, normalerweise tragenden Routinen auch im Ausnahmezustand weiter funktionieren? Sollte dies nicht der Fall sein können, treten an deren Stelle oft neue Rituale, mit deren Hilfe man schwierige Übergangssituationen in den Griff zu bekommen sucht. Sie sollen das gefühls- und verstandesmäßige Chaos auffangen, in das ein Todesfall die Hinterbliebenen zu reißen droht. Allerdings wird auch hier die Situation schnell unübersichtlich.

Eingeübte Riten sind Techniken zur Lebensbewältigung. Sie reduzieren Komplexität, geben Verhaltenssicherheit und bieten Entlastung. So bleibt der Einzelne selbst in Ausnahmesituationen doch irgendwie immer noch handlungsfähig. Der Preis, der hierfür zu zahlen ist, besteht in der Ungenauigkeit der Rituale. Trauerzeremonien sind oft seltsam. Die geheimnisvoll über Staub und Auferstehung gemurmelten Worte klingen erhaben, und tatsächlich kommt es am Grab auch hauptsächlich auf würdevolle Gesten und feierliche Reden an. Viele Trauernde lassen die Bestattung eher unbeteiligt über sich ergehen. Früher führten kultische

Handlungen, Bräuche, Gebete und Gesänge bei Trauerfeiern Menschen zusammen. Sie hatten eine starke Anschlusskraft. Die Trauernden fanden in den bekannten tröstlichen Geschichten zueinander und schöpften Kraft für die kommende Zeit. Heute wird die Stille nach der Beisetzung eines geliebten Menschen für den Einzelnen oft unerträglich.

Die Nähe zum Toten, dessen Alter und der Anlass des Todes entscheiden über das Maß der Trauer. Zur Bewältigung von Trauerkrisen steht eine ganze Reihe professioneller Tröster zur Verfügung, welche die erforderliche Kunst der Ungenauigkeit fachkundig beherrschen: Seelsorger, Grabredner, Coachs von Trauerselbsthilfegruppen oder psychologisch geschulte Trauerbegleiter.

Im Umgang mit Trauer hat sich oft auch beim Einzelnen eine ausgeprägte Kultur der Ungenauigkeit entwickelt. Anfänglich sprechen viele Hinterbliebene manchmal wie gewohnt mehrmals am Tag mit ihren Verstorbenen. Das ist ein tröstlicher Kunstgriff, obwohl ja niemand mehr da ist, zu dem man noch reden könnte. Tagesabläufe, die mit dem Toten verbunden waren, werden oft mit dem Verlust dieses Menschen nicht gleich aufgegeben, sondern penibel eingehalten. Ein Verlust bezeichnet das Verschwinden von etwas Wertvollem, bei dem das Verlorene nicht sofort vergessen wird, sondern schmerzhaft im Fokus der Aufmerksamkeit bleibt. In der Trauer sind wir häufig außerstande, unsere Gedanken von dem Verstorbenen zu lösen. Wir denken an gemeinsam verbrachte Tage zurück und spüren, wie der Verstorbene in der Erinnerung zu neuem Leben erwacht. Wir haben eine Person verloren, die wir noch nicht losgeworden sind. Sie fehlt uns, wir vermissen sie.

Die Gewissheit, von einem geliebten Menschen auf ewig

getrennt zu sein, gehört zu den schlimmsten Erfahrungen. Wie grausam das klingt: »Nie mehr! Nie wieder! Es ist endgültig vorbei! Die Trennung lässt sich nicht mehr rückgängig machen!« Freilich kann einem nichts das vergangene Glück nehmen, für das man dankbar ist. Doch ist es unwiederbringlich dahin, kann das Gefühl der Dankbarkeit leicht in den Hintergrund geraten, weil wir uns so stark nach dem Verlorenen zurücksehnen. In solchen Momenten kommt die religiöse Hoffnung auf ein Wiedersehen gelegen, so verworren diese Vorstellung auch ist.

Oft werden Tote verklärt. Gemeinsame Stunden werden als schöner erinnert, als sie waren. Sie werden in der Rückschau überformt. Das Verlustgefühl gestattet fast nur Lobeshymnen auf den Verstorbenen – gemäß dem Motto: »*De mortuis nihil nisi bene* – Über Tote rede man nur gut.« Auch hier verharren wir häufig und bewusst im Ungenauen.

Da die Verstorbenen in der Erinnerung einstweilen präsent bleiben, obwohl sie abwesend sind, kommt es vielen Hinterbliebenen manchmal so vor, als ob sie lediglich verreist wären. Darum sträuben sich manche Angehörigen auch, die Sachen, die das Leben des Verstorbenen ausmachten, wegzugeben. Das Bedürfnis ist groß, den Toten noch eine Weile imaginär am Leben zu erhalten. Obgleich ihn nichts wieder zurückbringen wird, hofft man dennoch auf dessen Rückkehr. Anstatt ihn loszulassen, versucht man, ihn bei sich zu behalten. Manche empfinden es als Verrat, wenn der gemeinsame Alltag immer mehr verblasst, das Bett abgebaut, die Kleider verschenkt und die Sachen aussortiert werden. Vertraute Dinge stellen schwächer gewordene Erinnerungen sofort wieder her, beleben die Sehnsucht, die doch eben erst nachließ, und erneuern den

Schmerz der Trauer, die man doch gerade erst beschwichtigte. Es soll alles so bleiben, wie es war. So wird aus der Trauer oftmals ein intimes Gut, das man keinesfalls verlieren möchte. Denn auch und besonders im Verlustschmerz bleibt der Tote den Hinterbliebenen nahe – wieder einer jener Widersprüche und Ungereimtheiten, die das Leben erst erträglich machen.

Ähnlich wie Niels Lyhne beginnen selbst Atheisten in größter Not gelegentlich zu beten, zünden eine Kerze für einen Verstorbenen in einer Kirche an oder fühlen sich diesem dann ganz nahe, spüren dessen Anwesenheit in der sommerlichen Abendstimmung. Nicht selten etabliert sich das Ritual, Tag für Tag das Grab des Toten zu besuchen, obwohl die Person dort doch gar nicht anzutreffen ist, sondern nur deren verwesliche Rückstände. Solche Ungenauigkeiten helfen uns, weiterzuleben, und sie erheben alle nicht den Anspruch, rational und richtig zu sein, sondern machen unser Leben lediglich erträglicher.

Abschied vom Abschied

»Jetzt muss es aber mal gut sein!« Wer lange trauert, widersetzt sich dem heute Üblichen. Irgendwann geht man seiner Familie, seinen Nachbarn und Freunden mit seinem Jammern auf die Nerven. Normal ist derjenige, der bald wieder uneingeschränkt funktioniert. »Nur nicht so lange zurückblicken! Stattdessen schnell die Chancen des Neuen erkennen und ergreifen!«, könnte eine gutgemeinte Empfehlung lauten. Trauer ist gesellschaftlich gesehen eher unerwünscht, fast schon peinlich.

Trotz allem kann es viel Zeit brauchen, sich von einem Verstorbenen zu trennen, sich abzulösen. Erst unter großem Aufwand von Zeit und Kraft gelangen manche Hinterbliebene aus ihrer Trauer heraus. Trauerarbeit verlangt Zeit, in welcher der Einzelne mit dem Verlust eines Menschen oder einer Sache fertig zu werden versucht.

Worin besteht jedoch die Arbeit genau, welche die Trauer leisten soll? Normalerweise verbindet man mit seinem Partner, seinen Eltern, Kindern und Freunden positive Gefühle. Bei der Trauerarbeit werden diese Empfindungen durch wiederholte Vergegenwärtigung des Todes der Betrauerten irgendwann schwächer. Hierzu fähig zu sein heißt, Abschied nehmen zu können, und damit dies gelingen kann, ist Trauerarbeit nötig, um das unwiederbringlich Verlorene nicht verzweifelt halten zu wollen und Platz für Neues zu gewinnen. »Alles hat seine Zeit«, heißt es im *Buch Prediger*.[26]

Doch je nachdem, kann es der Anpassung an die neue Situation auch förderlich sein, wenn sich Angehörige dem Verlustschmerz eine geraume Zeit hingeben, Veränderungen vermeiden und noch nicht loslassen. In anderen Fällen ist es der Trauerarbeit mal zuträglich, mal abträglich, wenn die Hinterbliebenen sich gleich ablenken, neue Aktivitäten entwickeln und die Anforderungen des veränderten Alltags sofort entschlossen angehen. Je nach Situation, Individuum und Beziehung zum Toten, kann also mal die Konfrontation mit dem Verlust oder die Vermeidung dieser Konfrontation die Trauerarbeit hemmen oder fördern. Hier wie sonst auch gibt es verschiedene Wege zur Anpassung an die neue Realität, und welcher Weg der richtige ist, das muss jeder für sich selbst herausfinden.

Normalerweise wird das Gefühl für den Verstorbenen irgendwann schwächer; die Bindung an den verlorenen Menschen lässt nach, sie verblasst. Anfangs werden noch Fotos vom Toten mit Blumen und Kerzen an zentralen Orten der Wohnung platziert, als ob sie oder er dadurch in der Wohnung festgehalten werden könnte. Später hängen die Porträts neben anderen Bildern an der Wand. Andere Trauernde halten Fotografien des Verstorbenen gar nicht aus, weil dieser ihnen dadurch zu nahe in seiner Abwesenheit kommt – ein Widerspruch, den man nicht erträgt. Die Wohnung wirkt ohnedies schon wie verwaist. Es fehlt jemand.

Bei Trauerarbeit ist zu unterscheiden zwischen Abschied vom verlorenen Objekt und dem Abschied vom Abschied vom verlorenen Objekt. Erst dann, wenn man das Verlorene nicht mehr schmerzhaft vermisst, ist man innerlich wieder freier und kann sich eher von Neuem aufs Leben, andere Menschen und die Welt einlassen, die einem jetzt nicht mehr so öde und leer vorkommt, kann sich vom Abschied verabschieden. Gelungene Trauerarbeit lässt die Menschen schrittweise die veränderte, neue Lebenssituation als solche annehmen. Irgendwann willigen viele in den Verlust einer geschätzten Person ein, ohne den Verstorbenen deshalb aus der eigenen Erinnerung zu verbannen, den man weiter freundlich in seinem Herzen bewahrt. Man kommt etwas besser mit der Situation zurecht, wie sie ist. Und damit tritt an die Stelle bizarrer Undeutlichkeit eine vergleichsweise helle Klarheit.

Vielleicht drohte man, an seiner Trauer zu zerbrechen. Doch irgendwie lernen viele, den Schmerz auszuhalten. Man kommt jetzt ohne den Verstorbenen zurecht. Nun können vielleicht sogar wieder Bindungen eingegangen werden. So platt es auch klingen mag:

> Tröste dich, die Stunden eilen,
> Und was all' dich drücken mag,
> Auch das Schlimmste kann nicht weilen,
> Und es kommt ein andrer Tag.[27]

Der Tote

Auch für den Umgang mit dem toten Körper sind zahlreiche Ungenauigkeiten charakteristisch. Trotz aller Scheu vor Leichen haben viele Angehörigen das Bedürfnis, den Toten vor Schließung des Sargs noch einmal zu sehen. Dessen ebenso vertrauter wie befremdlicher Anblick ruft aber oftmals Bestürzung hervor, die unmittelbar am Totenbett direkter sein können als später in der Öffentlichkeit am offenen Sarg. Viele Menschen halten eine letzte Begegnung mit dem Leichnam für sinnvoll. Es ist die Rede von Abschiednehmen. Manche sprechen mit dem toten Körper und berühren ihn zum letzten Mal – ein weiteres Beispiel gutartiger Ungenauigkeit, weil der Tote ja nichts mehr verstehen und empfinden kann. Auch der Waschung und rituellen Einkleidung des Toten, bevor der Leichnam doch wenige Stunden später im Krematorium in Flammen aufgehen wird, haftet eine seltsame Ungenauigkeit an. Doch ist das alles den meisten Angehörigen wichtig, zeigen sie doch auf diese Weise wie auch durch die würdige Trauerfeier dem Toten noch einmal ihre Wertschätzung.

Allerdings ist der verbreitete Brauch, den Toten noch einmal zu sehen, inzwischen umstritten. Jeder muss für sich selbst klären, ob er den Leichnam noch einmal sehen oder den Verstorbenen lieber so in Erinnerung behalten möchte, wie er ihn zu Lebzeiten kannte. Was tut einem selbst gut? Jedenfalls sollte man sich von der Vorstellung freimachen, dass zur wahren Trauerarbeit gehört, einen Toten letztmalig in Augenschein zu nehmen. Unschärfe hilft auch hier.

Doch was ist ein Toter überhaupt? Dieser Begriff ist wenig eindeutig, was zu zahlreichen Sprachverwirrungen und damit gleichfalls zu Ungenauigkeiten führt:

Zum einen versteht man darunter eine *Leiche*, also den verweslichen Rückstand eines Menschen, der begraben, verbrannt, der Transplantationsmedizin oder der Anatomie zur Verfügung gestellt wird.

Zum anderen bezieht sich der Begriff des Toten auf den *Verstorbenen*, dessen Anweisungen bezüglich seiner Hinterlassenschaft und Beisetzung beachtet und befolgt werden sollten. Ein Leichnam wird bestattet, eines Verstorbenen wird gedacht; ersterer ist ein lebloses Objekt in der sichtbaren Welt, letzterer dagegen ein lebendiges Subjekt in der Erinnerung. Der Verstorbene lebt nur noch im individuellen oder kollektiven Gedächtnis fort. Das Testament regelt den Nachlass eines Verstorbenen, nicht aber den letzten Willen einer Leiche. Der Trauerzug, der den Toten zu seiner letzten Ruhestätte begleitet, bringt nicht den Verstorbenen, sondern dessen Leichnam zum Friedhof. Der Verstorbene befindet sich nicht im Grab. Dort finden sich lediglich seine verweslichen Überreste eingesargt oder eingeurnt. Dem entsprechend wird bei einer Beerdigung niemals eine Person beigesetzt, sondern lediglich die körperlichen Rückstände einer gewesenen Person.

Der zum Leichnam gewordene Leib ähnelt einer bloßen Sache, welche eben noch Person war, die aber aus dem Körper entflohen zu sein scheint. Leichen sind Objekte und keine wie auch immer gearteten Subjekte, Personen oder Lebewesen.

Diese Vorstellung wird vermutlich viele Leser entsetzen. Doch ändert dies nichts an der Realität. Wer der Entnahme von Organen und Geweben zu Transplantationszwecken, der Freigabe einer Leiche an die Anatomie oder ihrer Verbrennung oder Erdbestattung zustimmen kann, bestätigt damit bereits die Objektqualität des Leichnams. Denn mit Personen dürfte auf diese Weise nicht verfahren werden. Schon der römische Dichter Horaz scheint die Differenz zwischen Leichnam und Verstorbenem gekannt zu haben, wenn er schreibt: »*Pulvis et umbra sumus* – Staub und Schatten sind wir [...].«[28]

Allerdings verschwimmt diese klare Unterscheidung beim Anblick eines toten Körpers. Nicht nur genetisch, sondern auch äußerlich ist ja der Tote mit dem lebenden Körper doch noch irgendwie identisch: Der Leichnam besteht noch immer aus denselben Teilen und derselben Struktur wie der Verstorbene zu Lebzeiten. Als gegliedertes Ganzes ist der tote Körper genauso angeordnet wie der lebendige Leib. Der tote Körper besteht anfänglich aus demselben organischen Material wie die Person, als sie noch lebte. So bewahrt die Leiche auch nach dem Ableben des Verstorbenen für eine Weile dessen Gestalt, zeigt Züge seiner vormaligen Persönlichkeit. Es ist der Leichnam der Mutter, eines Freundes oder Nachbarn, gezeichnet von harter Arbeit, schwerer Krankheit, hohem Alter oder einem plötzlichen Tod.

Für die Angehörigen ist deshalb die Leiche eben oft kein bloßes Objekt, kein Körper, sondern der Leib eines Menschen, den sie gerade verloren haben und dem sie sich voll Trauer zuwenden. Dennoch bezieht sich das Trauern und Gedenken nicht auf den Leichnam, wie es völlig unsinnig wäre, einen Dahingeschiedenen zu bedauern. Tatsächlich bezeugt der Leichnam auch nicht die Anwesenheit eines Verstorbenen, sondern ist vielmehr ein stummer Zeuge seiner Abwesenheit – letzten Endes eine Art Trauersouvenir. Wenn der Leib zur Leiche geworden ist, dann zerbricht die Gemeinschaft mit dem Toten, dessen Gesichtszüge erstarren, dessen Mund verstummt und seine gebrochenen Augen werden uns niemals mehr anschauen.

Beim Anblick eines Toten wird der Betrachter mit etwas höchst Ambivalentem konfrontiert: Man sieht etwas Vertrautes und Fremdes zugleich, Menschliches und Nicht-Menschliches, einen Organismus sowie ein bloßes Ding. Aber die Leiche ist etwas völlig anderes als eine Person. Sie ist nur noch deren verweslicher Rückstand. Dennoch haben viele ein starkes Interesse daran, dass mit ihrem späteren Leichnam fürsorglich und achtsam umgegangen wird. Auch ihrem toten Körper soll Respekt gezollt werden. Obwohl eine Leiche keine Person ist, halten die meisten Menschen sie nicht bloß für ein Ding. Vielleicht ist sie mehr als eine Sache, aber weniger als eine Person. Denn wird eine Leiche misshandelt, spricht man weder von Sachbeschädigung noch von Körperverletzung, sondern von Leichenschändung. Sie ist etwas seltsam Vages dazwischen. Der Leichnam ist ein Gegenstand besonderer Art, wie schon die sprachliche Unterscheidung zwischen Leiche und Kadaver kundtut. Leichen sind im Unterschied zu Tierkadavern tote Körper gewesener Subjekte, die nach vorherrschender Meinung nicht zu beliebigen Zwecken freigegeben werden dürfen, weil sie einen eigenen Anspruch auf Achtung besitzen. Dieser gründet auf der Feststellung, dass eine Leiche der verwesliche Rückstand einer gewesenen Person, und eben der Leichnam eines Verstorbenen ist. Nach gängiger Auffassung besitzt eine Leiche deshalb selbst als Objekt einen besonderen Wert, weil sie einst Subjekt war.

Friedhof und Friedwald

In unserer Alltagssprache wird also der Begriff Toter mehrdeutig gebraucht. Diese Mehrdeutigkeit lässt auch auf dem Friedhof verblüffende Ungenauigkeiten entstehen, die bestimmte Härten der Wirklichkeit verdecken. Auf den meisten Grabsteinen steht: »Hier ruht in Frieden.« Korrekter wäre es zu sagen: »Hier verwest in Erde.« Doch ganz so genau möchte man es lieber nicht wissen. Der Sprachgebrauch macht sich die Mehrdeutigkeit des Begriffs ›Toter‹ zunutze. Die Formel »Hier ruht in Frieden« soll beruhigen. Obwohl auf dem Friedhof lediglich der Leichnam liegt, gedenken wir am Grab des Verstorbenen, als ob dieser hier noch anwesend wäre. An den Leichnam unter der Erde denken wir am Grab in der Regel nicht. Die Leiche möchten wir uns in ihrem jetzigen Zustand vermutlich auch lieber gar nicht vorstellen.

Jedoch kann man im übertragenen und religiösen Sinne mit Bezug auf den Verstorbenen von Ruhe sprechen: Zum einen darf *metaphorisch* gesehen durchaus behauptet werden, dass ein Verstorbener ruht, weil seine Mühen und Sorgen auf der Erde mit dem Tod ein Ende gefunden haben. Allerdings bleibt auch dieser Sprachgebrauch ziemlich ungenau, weil nur physikalische Gegenstände ohne Bewegung oder müde Lebewesen ruhen können – und beides ist hier nicht der Fall. Zum anderen kann man *metaphysisch* gesehen behaupten, dass ein Verstorbener ruht, um anzudeuten, dass der Tote seinen Frieden bei Gott gefunden hat.

Aus diesen beiden Gründen sind die beruhigenden Worte »Hier ruht in Frieden« nicht in jeder Beziehung falsch, sondern aus nachvollziehbaren Gründen einfach nur ungenau.

Friedhöfe verlieren als Orte der Trauer und Erinnerung immer mehr an Bedeutung. Früher fühlten sich die Menschen an diesen Ruhestätten ihren Toten näher, obwohl diese hier gar nicht mehr waren. Dabei bildeten der Besuch und die Pflege des Grabes miteinander eine unauflösliche Einheit. Gerade auf dem Friedhof, wo ja niemand wartet, der besucht werden könnte, bleibt vielerlei im Vagen. Viele machen Friedhofsbesuche aus konventioneller Gewohnheit oder zur besseren Trauerverarbeitung. Andere gehen auf den Friedhof, um ihrer Toten zu gedenken oder einfach nur, um Neuigkeiten aus der Gemeinde zu erfahren.

Im digitalen Zeitalter entstehen neue Gedenkformen, durch welche die Angehörigen ihre Toten scheinbar noch eine weitere kleine Weile in der Gegenwart halten können. Das Internet bietet neue Möglichkeiten des Trauerns: kostenpflichtige Gedächtnisseiten, deren Freischaltung wie die traditionelle Grablege auf einige Jahre begrenzt bleibt. Auf solchen virtuellen Friedhöfen werden Filme, Fotos und Sprüche der Verstorbenen präsentiert, deren Lebensgeschichte erzählt und ihre Lieblingsmusik gespielt. In diesen *Individual Cemetries* kann man sich oft in Kondolenzbücher eintragen. Gelegentlich werden auch Trauerforen eingerichtet, in denen sich Angehörige und Freunde über den Toten austauschen können, der als virtuelles Artefakt im Netz für gewisse Zeit fortexistiert. Die immer häufigere Einrichtung dieser Chatrooms entspricht dem Bedeutungsverlust örtlicher Friedhöfe als Orte familiärer Erinnerungskultur.

Offenbar brauchen viele Menschen selbst in gottlosen Zeiten imaginäre Souvenire ihrer Verstorbenen. Beispielhaft steht hier das Vietnam Veterans Memorial in Washington, eine 150 Meter lange Granitwand mit den Namen aller amerikanischen Gefallenen im Vietnamkrieg. Solche Erinnerungstafeln bieten Hinterbliebenen die Möglichkeit, sich toten Angehörigen auch durch Berührung ihres Namens nahe zu fühlen. So nachvollziehbar und menschlich diese Art des Totengedenkens ist, so ungenau, ja unsinnig ist sie zugleich, weil die Toten weder dort noch sonst irgendwo sind.

Geradezu gespenstische Züge kann die menschliche Sehnsucht, noch Kontakt mit den Verstorbenen zu halten, dann annehmen, wenn es sich um Kinder handelt. Nicht nur dass jetzt selbst ungläubige Erwachsene auf alte Trostformeln zurückgreifen wie »Anna ist nun ein Engel« oder »Daniel ist inzwischen im Himmel und blickt von oben auf uns herab.« Je weniger die Menschen noch gläubig sind, umso aufwändiger scheinen ihre Rituale zu werden, um irgendwie mit ihrem tragischen Verlust fertig werden zu können. Gelegentlich werden seltsame Handlungen ausgeführt, um dem Tod eine Maske des Erträglichen aufzusetzen. So werden etwa Teddybären, Puppen, Spielzeuge aller

Art, auch Bücher und andere Gegenstände mit ins Grab oder auf den Grabstein oder um den Grabstein herum gelegt, als ob die Kinder auf ihrer Reise in eine andere Welt vertraute Begleiter ihres bisherigen Lebens benötigten. Offenbar finden wir Erwachsenen in furchtbaren Notlagen mitunter nur Trost für den Preis, dass wir uns verhältnismäßig einfachen Vorstellungen hingeben.

Auffälligerweise finden heute gerade in religionsfernen Kreisen manchmal prachtvollere Bestattungen als in religiösen Gemeinschaften statt. Riesige Blumengestecke, vielfarbige Kränze und Grußbotschaften des Verstorbenen auf Ton- oder Filmdokumenten sollen gegen die Hilf- und Ratlosigkeit der Hinterbliebenen am Grab helfen. Hier treibt die Kultur der Ungenauigkeit die größten und beeindruckendsten Blüten hervor.

Solch exklusiv inszenierten Trauerfeiern stehen anonyme Abgänge in aller Stille ohne rituelles Beiwerk gegenüber. Die säkulare Bestattungskultur bewegt sich zwischen diesen beiden Extremen. So wächst zugleich die Zahl der Menschen, die nach ihrer Einäscherung ein Rasengrab ohne jedes Zeichen der Erinnerung wünschen. Immer mehr Zeitgenossen möchten in einem Urnenfeld oder Ruheforst ohne Namensschild vergraben werden. Derart geräuschlose Abschiede bevorzugen insbesondere Personen, die keine Verwandten mehr haben oder deren Angehörigen weit entfernt leben. Vielleicht ist der Kontakt zu ihnen abgebrochen oder sie möchten ihnen einfach nicht zur Last fallen. Wie auch immer: Jedenfalls scheint sich der traditionelle Zusammenhang von Grab, Trauer und Erinnerung aufzulösen.

Doch nicht jeder, der sich in einem Friedwald bestatten lässt, wird anonym beigesetzt. Ebenso starke Motive bietet eine starke Naturverbundenheit und das Bedürfnis, nicht mit der Grabpflege belastet zu werden. Dies provoziert seit wenigen Jahren wiederum eine unerwartete Gegenbewegung, dass nämlich Angehörige immer öfter Blumen zu dem Baum bringen, an dem die Urne beigesetzt wurde, dort sogar Topfblumen pflanzen und somit ein kleines Grab errichten, obwohl durch diese Art der Urnenbeisetzung doch die Grabpflege gerade umgangen werden sollte. Nicht wenige Hinterbliebene suchen diese Stätten, mit Wasserkanister für die Blumen ausgerüstet, regelmäßig auf und verwandeln hierdurch den Friedwald wieder in einen Friedhof.

Auch hier erzeugt der Tod immer neue Widersprüche, die deshalb zu begrüßen sind, weil sie den Umgang mit dem Verlust eines Menschen erleichtern. In Todesangelegenheiten hat die Inkonsequenz das gute Gewissen auf ihrer Seite. Hier muss sich niemand seiner Träume und Sehnsüchte schämen.

Der Tod

Die massivste Ungenauigkeit ergibt sich schließlich aus der Frage, welche Bedeutung der Tod als solcher hat. Tote kennen wir, den Tod nicht. So klar und bestimmt der Tod zu sein scheint, so fremd und unbekannt ist er uns zugleich. Daraus folgt geradezu unweigerlich, dass wir nur sehr ungenau über ihn reden können. Als biologisches Ereignis ist der Tod vergleichsweise eindeutig.

Manchmal sagen wir, der Tod sei eingetreten. Doch schon diese Redensart ist unscharf. Denn im Grunde tritt ja nichts ein. Solcher Sprachgebrauch zehrt von der letztlich veralteten Idee, nach welcher der Tod mit dem Leben unverbunden ist und irgendwie außerhalb des Menschen steht: der Tod als gekröntes Skelett, Knochen- oder Sensenmann. Das abgefleischte Gerippe gilt als ›Fürst des Schreckens‹, der von irgendwoher draußen kommt und in das Leben hereinbricht, um als meist unwillkommener Störenfried die Lebensordnung gewalttätig zu zerstören. In diesem Sinne führt *Der Ackermann aus Böhmen* von Johannes Saaz, entstanden um 1400, ein Streitgespräch mit Gevatter Tod: Er beschimpft ihn als Verbrecher, weil er ihm seine junge Frau im Kindbett geraubt hat.[29] Jedoch auch wenn der ›ewige Würger‹ häufig als feindliche, grausame Macht beschrieben wird, wird er gelegentlich auch als mild und freundlich begrüßt.

Natürlich stellt der Tod keine Macht dar, die ins Leben von draußen hereintritt. Richtiger wäre zu sagen, dass wir alle den Tod in uns tragen. Doch auch dieser Sprachgebrauch ist problematisch. Rilke nennt den Tod sogar eine Frucht, der das Leben entgegenreift.[30] Wieder ist solch beschönigende Poesie gut. Denn die Rede vom allmählichen Reifen zum Tod besänftigt, auch wenn sie ungenau bleibt.

So bedeutungslos der Tod als biologisches Ereignis ist, scheint ihm aller sachlichen Aufklärung zum Trotz doch weiterhin auch etwas Geheimnisvolles anzuhaften. Es klafft ein tiefer Graben zwischen der Banalität und der menschlichen Sehnsucht nach einem tieferen Sinn des Todes. Leicht bekommen wir im Zusammenhang mit dem Tod den Eindruck, er sei die unlesbare Hieroglyphe eines dunklen Mysteriums. Dies hängt damit zusammen, dass wir uns ihn eigentlich gar nicht vorstellen können. Wir können uns das eigene Nichtsein nicht ausmalen. Bemühen wir uns, den eigenen Tod zu erfassen, bleiben wir immer anwesend. Zwar kann man zu Lebzeiten sich abstrakt denken, dass man einmal aufhört zu existieren, man kann sich aber keineswegs vorstellen, nicht mehr zu sein.

Hinzu kommt, dass man den Tod lediglich irgendwie erleidet, aber nicht wirklich erlebt. Sowohl dessen Unvorstellbarkeit als auch der Umstand, dass man ihn nicht erfährt, sondern er einem vielmehr widerfährt, lassen uns vermuten, dass der Tod ein undurchsichtiges Rätsel ist, an dem wir intellektuell scheitern müssen.

Doch wird damit aus dem Tod leicht ein Geheimnis gemacht, das einen fruchtbaren Nährboden für wilde Spekulationen bereitet. Denn obgleich der Tod sein Geheimnis nicht preisgibt, verlangen die Menschen nach tröstlichen Antworten auf ihre Fragen. Sie rufen nach dem Beistand etwa von Religionen, die vorgeben, den Schlüssel zu diesem chiffrierten Mysterium zu haben. Jedoch bleiben ihre Antworten alle ziemlich ungenau, wie bereits gezeigt wurde. Sie bleiben nämlich logischerweise aus dem Grunde ungenau, weil wir es hier mit Bezirken zu tun haben, die uns Menschen nun einmal verschlossen sind. Diese sind uns so wenig zugänglich, dass wir nicht einmal wissen, ob es solche Sphären überhaupt gibt. Vielleicht hält der Tod für uns ja nur die Enttäuschung seiner Endgültigkeit bereit. Falls es so wäre, bliebe uns diese bittere Entdeckung aber glücklicherweise erspart. Denn in dem Augenblick, in dem wir sie machen könnten, wären wir nicht mehr da.

Allerdings brauchen wir uns die Endgültigkeit unseres Ablebens am Ende vielleicht doch nicht so sehr zu Herzen nehmen, wie eine spezielle Lebenserfahrung nahelegt. Wie besonders Lessing betont, haben die antiken Griechen den

Tod weniger als Knochengerippe denn als Schlaf dargestellt.[31] Die antiken Griechen bezeichneten den Tod als Schlafes Bruder. Selbstverständlich sind auch diese Vergleiche ungenau – und doch wiederum irgendwie tröstlich.

Vielleicht darf man sagen: Jede Nacht erproben wir unser künftiges Nichtsein im Tiefschlaf, wie uns jede Vollnarkose auch versuchsweise nicht sein lässt. Wir schlafen, wachen auf und stellen fest: Die letzten Stunden völliger Abwesenheit waren gar nicht schlimm!

Das Leben gut zu Ende bringen

Wie damit umgehen, dass ein geliebter Mensch sein Leben verloren hat? Wie damit klarkommen, dass man selbst eines Tages sterben wird? Im Rückblick wird deutlich: Der Tod ist ein existenzielles Problem, das sich nicht lösen, sondern bestenfalls – wie eine chronische Erkrankung – behandeln lässt. Obwohl es das eine wahre Rezept gegen Todesangst und Trauer nicht gibt, werden wir uns auch künftig durch den Kopf gehen lassen, wie wir mit dem eigenen Ende und dem unserer Nächsten fertig werden können. Fest steht: Der Tod bleibt eine menschliche Überforderung, der jedoch mit einer Kultur der Ungenauigkeit beizukommen ist. Diese bietet ein breites Spektrum tröstlicher Angebote, in denen es weniger um Wahrheit als um Leidminderung geht. Am Ende zählt, was hilft!

Entsprechend pendelt das Buch zwischen den Möglichkeiten und Grenzen menschlicher Trostfähigkeit hin und her. Dabei entsteht ein bunter Strauß aus Tröstungen, die uns aber den Schrecken vor dem Tod nicht gänzlich nehmen können. Allerdings ist es menschlich, den Tod nicht völlig in den Griff zu bekommen. Letztlich kommt es darauf an, herauszufinden, mit welchen Tröstungen wir am besten mit dem Tod *nicht* fertig werden. Diese können dann einen wesentlichen Beitrag zur Bewältigung der eigenen Endlichkeit leisten – obgleich oder gerade weil sie häufig im Vagen verbleiben. Angesichts der großen Herausforderungen, vor die uns der Tod stellt, wäre das schon viel.

Doch kann als Letztes gar nicht genug hervorgehoben werden: Wie unglaublich, ja ungeheuerlich die eigene Sterblichkeit auch immer ist – wie überraschend, ja wie seltsam ist überhaupt erst: zu leben.

> [...] *Ein* Mal
> jedes, nur *ein* Mal. *Ein* Mal und nichtmehr. Und wir auch
> *ein* Mal. Nie wieder. Aber dieses
> *ein* Mal gewesen zu sein, wenn auch nur *ein* Mal:
> *irdisch* gewesen zu sein, scheint nicht widerrufbar.

Rainer Maria Rilke, *IX. Duineser Elegie*

Anmerkungen

Intensive Begegnungen

1 William Shakespeare, *Hamlet*, Stuttgart 2014, S. 59.

Wie viel Todesangst verträgt der Mensch?

1 Charles Baudelaire, *Der Traum eines Neugierigen*, in: *Die Blumen des Bösen*, Stuttgart 2021, S. 201.
2 Ernst Jünger, in: Martin Meyer, *Ernst Jünger*, München/Wien 1990, S. 79, 97.
3 Thomas Mann, *Der Zauberberg*, Frankfurt a. M. 2015, S. 635.
4 Ebd., S. 679.
5 Thomas Mann, *Frühe Erzählungen*, Frankfurt a. M. 1982, S. 62.
6 Ebd., S. 105.
7 Friedrich Nietzsche, *Morgenröte*, München 1954, S. 1203.
8 Michel de Montaigne, *Essais*, München 1998, S. 142.
9 Rainer Maria Rilke, *Gesammelte Gedichte*, Frankfurt a. M. 1962, S. 233.
10 Albert Camus, *Der glückliche Tod*, Hamburg 2018, S. 43.
11 William Shakespeare, *Hamlet*, Stuttgart 2014, S. 74.
12 Friedrich Schiller, *Die Räuber*, Stuttgart 2017, S. 120.
13 Albert Camus, *Der Mythos von Sisyphos*, Hamburg 1975, S. 9.
14 1 Kor 15,55.
15 Offb 21,4.
16 Diogenes Laertius, *Leben und Lehre der Philosophen*, Stuttgart 2020, S. 499.
17 Georg Büchner, *Woyzeck*, Stuttgart 1999, S. 36.
18 Émile Zola, *Die Freude am Leben*, Berlin 1971, S. 107, 162.
19 Ebd., S. 244.
20 Ebd.
21 Jens Peter Jacobsen, *Niels Lyhne*, Stuttgart 1984, S. 213.
22 Ebd., S. 214.

Wie viel Trost braucht der Mensch?

1 Eugène Ionesco, *Der König stirbt*, Frankfurt a. M. 1982, S. 49.
2 Vgl. Horst-Theodor Johann, *Trauer und Trost*, München 1968.
3 Röm 15,5.
4 Jes 66,13.
5 Ps 23,4.
6 Röm 15,4.
7 Joh 14,16 f.
8 Sören Kierkegaard, *Christliche Reden 1848*, Gütersloh 1981, S. 95.
9 Jean Paul, *Das Kampaner Tal oder über die Unsterblichkeit der Seele*, Gütersloh 1976, S. 44.
10 Horaz, *Carmina I,11*, in *Sämtliche Werke*, Stuttgart [3]2018, S. 31.
11 Johann Wolfgang von Goethe, *Clavigo*, Stuttgart 1983, S. 6.
12 Hans Blumenberg, *Beschreibung des Menschen*, Frankfurt a. M. 2006, S. 625.
13 Zitiert nach Alberto Manguel, *Eine Geschichte des Lesens*, Hamburg 2000, S. 179.
14 Ovid, *Tristia*, in *Gedichte aus der Verbannung*, Stuttgart 2013, S. 99.
15 Franz Josef Wetz, *Die Magie der Musik*, Stuttgart 2004, S. 343.
16 Helmuth Plessner, *Ausdruck und menschliche Natur*, Frankfurt a. M. 2003, S. 201 ff.
17 Immanuel Kant, *Anthropologie in pragmatischer Hinsicht*, Stuttgart 1983, S.91.
18 Sigmund Freud, *Das Unbehagen in der Kultur*, Stuttgart 2010, S. 19.
19 Mark Twain, *Die Nachricht von meinem Tod ist stark übertrieben. Meine letzten Geheimnisse*, Berlin 2017.
20 www.gedenkenswert.de/gedanke-der-hoffnung/49
21 Oscar Wilde, Lady Windermeres Fächer (1892), 1. Akt. Stuttgart 1989: »Life is far too important a thing ever to talk seriously about it.«
22 Immanuel Kant, *Kritik der Urteilskraft*, Stuttgart 1963, S. 279 f.
23 Friedrich Nietzsche, *Also sprach Zarathustra*, Stuttgart 1994, S. 40 f.

24 Friedrich Nietzsche, *Nachgelassene Fragmente*, München u. A. 1980, S. 571.
25 Euripides, *Orestes*, in *Tragödien*, Bd. 2, Mannheim 2010, S. 993.
26 Seneca, *Briefe an Lucilius*, Stuttgart 2014, S. 545.
27 Matthias Claudius: *Der Tod*, in *Ausgewählte Werke*, Stuttgart 1990, S. 290.
28 www.eu/autor/ludwig-van-beethoven-zitate/28133.
29 Hi 7,4.
30 David Rieff, *Tod einer Untröstlichen*, München 2009, S. 150.
31 Theodor Fontane, *Zuspruch*, in *Gedichte*, Stuttgart 1998, S. 43.
32 Ders., *Ausgang*, ebd., S. 62.
33 Karl Jaspers, *Philosophie*, Bd. 3, Berlin u. A. 1956, S. 62 f.
34 Hans Blumenberg, *Die Sorge geht über den Fluß*, Frankfurt a. M. 1987, S. 153.

Kultur der Ungenauigkeit

1 Vgl. Arthur Schopenhauer, *Sämtliche Werke*, Wiesbaden 1972, Bd. IV, S. 198; und Bd. V, S. 493f.
2 Wilhelm Busch, *Wer möchte diesen Erdenball*, in: *Sämtliche Werke*, hrsg. von Otto Nöldeke, Bd. 6, München 1943, S. 250.
3 Arthur Schnitzler, *Sterben*, Stuttgart 2006, S. 62.
4 Gottfried Benn, *Gehirne*, Stuttgart 1974, S. 4.
5 Knut Hamsun, *Das letzte Kapitel*, Hamburg 1924, S. 25f.
6 Vgl. Jurek Becker, *Jakob der Lügner*, Frankfurt a. M. 1982.
7 Arthur Schnitzler, *Sterben*, S. 82.
8 Leo Tolstoi, *Der Tod des Iwan Iljitsch*, Stuttgart 1965, S. 63
9 Rainer Maria Rilke, *Das Stunden-Buch*, in *Gedichte*, Stuttgart 1997, S. 61.
10 David Rieff, *Tod einer Untröstlichen*, S. 112.
11 Leo Tolstoi, *Der Tod des Iwan Iljitsch*, S. 52.
12 Sigmund Freud, *Zeitgemäßes über Krieg und Tod*, Stuttgart 2022, S. 27.
13 Johann Peter Eckermann, *Gespräche mit Goethe in den letzten Jahren seines Lebens*, Bd. 3, Leipzig 1848, S. 297 (15. 2. 1830).

14 Blaise Pascal, *Das Ich besteht in meinem Denken*, Stuttgart 2017, S. 50.

15 Sören Kierkegaard, *Erbauliche Reden 1844/45*, Düsseldorf/Köln 1952, S. 182.

16 Horaz, *Carmina III,30*, in *Sämtliche Werke*, Stuttgart ^{3}2018, S. 203.

17 Thomas Mann, *Der Zauberberg*, Frankfurt a. M. 2015, S. 564.

18 Johann Wolfgang von Goethe, *Die Natur*, in *Schriften zur Naturwissenschaft*, hrsg. von Michael Böhler, Stuttgart 1977, S. 30.

19 Arthur Schopenhauer, *Die Welt als Wille und Vorstellung*, Bd. 1, Stuttgart 1987, S. 394.

20 Theodor Storm, *Wie wenn das Leben wär nichts andres*, in *Gedichte*, Stuttgart 1978, S. 46.

21 Friedrich Schiller, *Die Räuber*, S. 104.

22 Ernst Jandl: *sommerlied*, in *Sommergedichte*, Stuttgart 2001, S. 49.

23 Wilhelm Müller: *Der Wegweiser*, in W. M./Franz Schubert, *Die schöne Müllerin, Die Winterreise*, Stuttgart 2001, S. 59.

24 Theodor Fontane, *Effi Briest*, Stuttgart 2019, S. 328.

25 Cicero, *Tusculanae disputationes*, Stuttgart 1997, S. 127.

26 Pred 3,1.

27 Theodor Fontane, *Trost*, in *Gedichte*, Frankfurt a. M. 2000, S. 50.

28 Horaz, *Carmina IV, 7*, in *Sämtliche Werke*, Stuttgart ^{3}2018, S. 226 f.

29 Vgl. Johannes von Tepl: *Der Ackermann*, Stuttgart 2000, S. 7 u. a.

30 Rainer Maria Rilke, *Das Stunden-Buch*, in *Gedichte*, Stuttgart 1997, S. 61.

31 Vgl. Gotthold Ephraim Lessing, *Wie die Alten den Tod gebildet*, Paderborn 1909, S. 31 ff.

Literaturhinweise

Blumenberg, Hans: Die Sorge geht über den Fluß. Frankfurt a. M. 1987.

– Beschreibung des Menschen. Frankfurt a. M. 2006.

Camus, Albert: Der glückliche Tod, Hamburg 2018.

– Der Mythos von Sisyphos. Hamburg 1975.

de Montaigne, Michel: Essais. München 1998.

Freud, Sigmund: Das Unbehagen in der Kultur, Stuttgart 2010.

– Zeitgemäßes über Krieg und Tod, Stuttgart 2022.

Ionesco, Eugène: Der König stirbt. Frankfurt a. M. 1982.

Jacobsen, Jens Peter: Niels Lyhne. Stuttgart 1984.

Jaspers, Karl: Philosophie. Bd. 3. Berlin [u. a.] 1956.

Johann, Horst-Theodor: Trauer und Trost. München 1968.

Kant, Immanuel: Anthropologie in pragmatischer Hinsicht. Stuttgart 1983.

– Kritik der Urteilskraft. Stuttgart 1963.

Kierkegaard, Sören: Christliche Reden 1848. Gütersloh 1981.

– Erbauliche Reden 1844/45. Düsseldorf/Köln 1952.

Laertius, Diogenes: Leben und Lehre der Philosophen. Stuttgart 2020.

Lessing, Gotthold Ephraim: Wie die Alten den Tod gebildet. Paderborn 1909.

Nietzsche, Friedrich: Also sprach Zarathustra. Stuttgart 1994.

– Nachgelassene Fragmente. München [u. a.] 1980.

Pascal, Blaise: Das Ich besteht in meinem Denken. Stuttgart 2017.

Plessner, Helmuth: Ausdruck und menschliche Natur. Frankfurt a. M. 2003.

Rieff, David: Tod einer Untröstlichen. München 2009.

Schnitzler, Arthur: Sterben. Stuttgart 2006.

Schopenhauer, Arthur: Die Welt als Wille und Vorstellung. Bd. 1. Stuttgart 1987.

Seneca: Briefe an Lucilius. Stuttgart 2014.

Tolstoi, Leo: Der Tod des Iwan Iljitsch. Stuttgart 1965

Wetz, Franz Josef: Tot ohne Gott. Eine neue Kultur des Abschieds. Aschaffenburg [3]2020.

Zum Autor

FRANZ JOSEF WETZ, geb. 1958, Professor für Philosophie an der Päd. Hochschule Schwäbisch Gmünd. Promotion 1989, Dissertationspreis der Universität Gießen 1989, Habilitation 1992. Langjähriger Mitarbeiter und Schüler von Professor Odo Marquard. Mitglied im wissenschaftlichen Beirat der Giordano-Bruno-Stiftung, Ludwig-Feuerbach Gesellschaft, Humanistischen Akademie Bayerns und des Direktoriums des Hans-Albert-Instituts.

Neuere Monografien: *Das Fest der gewöhnlichen Dinge. Lesekompass durch Rilkes Duineser Elegien* (2020); *Hans Blumenberg zur Einführung* (2020); *Keine Liebe ohne Lüge* (2020); *Exzesse. Wer tanzt, tötet nicht* (2016); *Rebellion der Selbstachtung. Gegen Demütigung* (2014).

Zur Weiterführung und Vertiefung des Themas: *Tot ohne Gott. Eine neue Kultur des Abschieds* (^{3}2020).